Lust auf Land
Suppen & Eintöpfe

Unser Verlagsprogramm finden Sie unter www.christian-verlag.de

Produktmanagement: Annika Genning
Textredaktion, Satz und Umschlaggestaltung: bookwise medienproduktion GmbH
Korrektur: Jeanette Kiesel

Fotografie: StockFood GmbH, München
Herstellung: Bettina Schippel
Repro: Repro Ludwig, Zell am See

Printed in Slovenia by Korotan, Ljubljana

Die Deutsche Nationalbibliothek verzeichnet diese Publikation in der
Deutschen Nationalbibliografie; detaillierte bibliografische
Daten sind im Internet über
http://dnb.d-nb.de abrufbar.

© 2012, Christian Verlag GmbH, München
1. Auflage 2012

ISBN 978-3-86244-137-9

Alle Angaben in diesem Werk wurden sorgfältig recherchiert und auf den aktuellen Stand gebracht
sowie vom Verlag geprüft. Für die Richtigkeit der Angaben kann jedoch keinerlei Haftung
übernommen werden. Für Hinweise und Anregungen sind wir jederzeit dankbar.
Bitte richten Sie diese an:

Christian Verlag
Postfach 400209
80702 München
E-Mail: lektorat@verlagshaus.de

Lust auf Land

Suppen & Eintöpfe

CHRISTIAN

Inhalt

8 Klares & Kaltes

10 Erbsen-Minze-Rauten in klarer Brühe
12 Brennnesselsuppe mit panierten Eiern
14 Speckknödel- und Hühnersuppe
15 Steinpilzsuppe mit Maisgrießnocken
16 Leberknödelsuppe
18 Klare Tomatenbrühe mit Käseklößchen
19 Linsenconsommé mit Pfannkuchenstreifen
20 Klare Fleischbrühe mit Klößen
22 Klare Fischsuppe mit Einlage
23 Rindfleischsuppe
26 Kalte Bohnen-Erbsen-Suppe
28 Gekühlte Tomatensuppe
29 Kalte Gurkensuppe mit Ricotta
30 Gemüsesuppe mit Tomaten und Fenchel
32 Wirsingsuppe mit Knoblauch und Reis
33 Sommergemüsesuppe
34 Himbeersuppe mit Gebäck
36 Gelierte Beerensuppe mit Schnee-Eiern

38 Buntes & Würziges

40 Frühlingsgemüsetopf
42 Nudel-Gemüse-Suppe mit Huhn
44 Nudelsuppe mit Ochsenschwanz
45 Pfifferlingsuppe mit Sauerrahm und Petersilie
46 Gersten-Tomaten-Suppe mit Pilzen
48 Hühnersuppe mit Tomaten, Zwiebeln, Karotten und Bohnen
50 Kartoffel-Sauerkraut-Suppe mit Apfel
51 Pikante Apfelsuppe mit Speck und Majoran
52 Pilzsuppe mit Kartoffelteignudeln
54 Schweinefleischeintopf mit Graupen
55 Würzige Linsensuppe
56 Bohnen-Kürbis-Eintopf mit Spinat
60 Graupen-Steckrüben-Suppe mit Kasseler und Backpflaumen
62 Wirsingsuppe mit Wurst
63 Sauerkrautsuppe mit Fleisch

64 Spinatsuppe mit pochiertem Ei
66 Bunte Nudelsuppe mit Bohnen und Kartoffeln
67 Grüne Suppe mit Schinkenschöberln und Kräuternocken

68 Cremiges & Püriertes

70 Sauerampfersuppe und Frühlingskräutersuppe
72 Kohlrabicremesuppe mit Bärlauch
73 Brokkolisuppe
74 Zucchinicremesuppe
76 Kartoffelcremesuppe mit Steinpilzen
78 Kartoffelschaumsuppe mit Kräuterseitlingen
79 Radieschensuppe mit Gänseblümchen
80 Bärlauchsuppe mit Räucherforelle
82 Fränkische Kartoffelsuppe mit Zwetschgenplotz
84 Kürbissuppe
88 Fischcremesuppe mit Sahne
90 Rieslingsuppe mit Zanderklößchen
91 Spargelcremesuppe
92 Lauchcremesuppe
96 Kastaniensuppe
98 Cremige Maissuppe
99 Kürbis-Kartoffel-Suppe mit Kürbiskernen
100 Steckrübensuppe mit Knödeln
102 Apfel-Sellerie-Cremesuppe mit Speckstreifen
104 Sauermehlsuppe
105 Steinpilzsuppe
106 Rote-Bete-Suppe mit Kürbiskernen

108 Festliches & Deftiges

110 Kohlsuppe mit Karpfenklößchen
112 Maultaschensuppe
113 Grießnockerlsuppe
114 Allgäuer Hochzeitssuppe mit dreierlei Klößchen und Flädle
116 Klare Gemüsesuppe mit Fischklößchen
117 Fischsuppe mit Kartoffeln und Lauch
118 Berliner Gemüsetopf

122 Pastinakensuppe

124 Rosenkohlsuppe

126 Hähnchensuppe mit Erbsen

128 Brotsuppe mit Zwiebeln

129 Weiße-Bohnen-Suppe

130 Blumenkohlcremesuppe mit Dill

134 Kartoffelsuppe mit Debrecziner

136 Kohleintopf mit Speck

138 Zwiebelsuppe mit Brot und Käse
überbacken

139 Hühnersuppe mit Blätterteighaube

140 Linseneintopf mit Kürbis

142 Gulaschsuppe

143 Borschtsch

144 Käsecremesuppe mit Käsesternen

146 *Alles aus einem Topf*

148 Gemüse-Fleisch-Topf

150 Pichelsteiner Topf

151 Bohneneintopf

152 Rindfleischeintopf mit Schalotten

154 Gemüseeintopf mit Wurst

155 Hackfleisch-Bohnen-Eintopf mit Maisbrot

156 Fleischtopf mit Kohl und Kartoffelkruste

158 Rindfleisch in Rotwein

160 Bohnen-Zucchini-Gulasch mit Graupen

161 Ochsenschwanzragout

162 Kalbsragout

164 Hähnchengulasch mit Blätterteiggebäck

166 Hähncheneintopf mit Karotten und Wirsing

167 Hähnchen in Wein mit grünem Spargel

170 Lammeintopf

172 Kanincheneintopf mit Spitzkohl

173 Wildgulasch mit Weintrauben

174 Fischtopf mit Fenchel, Paprika und Reis

176 Linseneintopf mit Speck und Spätzle

177 Kartoffelgulasch

178 Wurst-Gemüse-Eintopf

Vorwort

Suppen und Eintöpfe sind die Klassiker der Familienküche. Doch das heißt nicht, dass sie nur rustikal und einfach daher kommen können. Im Gegenteil, Suppen und Eintöpfe sind eine Wohltat für Körper und Seele und dabei außerordentlich vielfältig. So viele Zutaten es in unseren Küchen gibt, so viele Suppenvarianten gibt es. Gemüse, Kräuter, Fleisch, Fisch, Brot oder auch selbstgemachte Knödel und Gebäck – mit all dem lassen sich köstliche Suppen oder Eintöpfe zaubern.

Die wichtigste Grundlage einer guten Suppe ist natürlich die Brühe oder der Fond. Die häufigste Basis sind Gemüse-, Rindfleisch- oder Hühnerbrühe, die selbst gemacht am allerbesten schmecken. Verfeinert mit frischen Erbsen-Minze-Rauten oder deftigen Speckknödeln wird zum Beispiel eine aromatische Fleischbrühe zum Highlight. Eine klare Tomatenbrühe mit Käseklößchen oder eine erfrischende kalte Gurkensuppe an heißen Sommertagen wird jeden überzeugen. Spätestens, wenn es bunt im Suppenteller wird, etwa mit Tomaten, Zwiebeln, Karotten und Bohnen in einer Hühnersuppe oder bei der Graupen-Steckrüben-Suppe mit Kasseler und Backpflaumen.

Edler wird es mit Cremesuppen. Lauchcremesuppe oder Zucchinicremesuppe als Vorspeise, Cremesuppen mit Kräutern wie Bärlauch und Sauerampfer oder mit Kastanien, Apfel oder Roter Bete als Hauptgang – gemeinsam haben sie ihren herrlich samtigen Geschmack. Und für besondere Anlässe eignet sich eine selbstgemachte Maultaschensuppe oder die Allgäuer Hochzeitssuppe mit dreierlei Klößchen und Flädle.

Deftigere Suppenvarianten und Eintöpfe wie die klassische Gulaschsuppe oder eine Kohleintopf mit Speck können Sie gut als Hauptgericht servieren. Besonders in der kalten Jahreszeit wirkt eine solch wärmende Mahlzeit Wunder. Für Pichelsteiner Eintopf, Fleischtopf mit Kohl und Kartoffelkruste oder edles Kalbsragout kommen gerne alle am großen Tisch zusammen.

Ob cremig oder klar, deftig oder elegant – Suppen und Eintöpfe bieten eine unglaubliche Vielfalt und mit unseren Rezepten können Sie diese selbst entdecken.

Wir wünschen Ihnen viel Freude beim Nachkochen!

Klares & Kaltes

Erbsen-Minze-Rauten
in klarer Brühe

ZUTATEN FÜR 4 PERSONEN

Für die Erbsen-Minze-Rauten:

100 g grüne Erbsen

Salz

2 EL frisch gehackte Petersilie

3 Eier

2 EL frisch gehackte Minze

80 g Mehl

1 l Fleischbrühe
(Rezept siehe Seite 20)

ZUBEREITUNGSZEIT: 30 MINUTEN
BACKZEIT: 15 MINUTEN

1 Den Backofen auf 200 °C (Ober- und Unterhitze) vorheizen.

2 Für die Erbsenrauten die Erbsen waschen und putzen. Reichlich Salzwasser in einem Topf aufkochen und die Erbsen darin etwa 8 Minuten blanchieren. Die Erbsen abgießen, mit kaltem Wasser abschrecken und gut abtropfen lassen.

3 Die Petersilie zusammen mit den Erbsen in einem Mixer oder mit dem Pürierstab fein pürieren.

4 Die Eier trennen. Die Eigelbe mit 1 Prise Salz und dem Erbsenpüree und der frisch gehackten Minze verrühren. Die Eiweiße steif schlagen und unterheben. Das Mehl darüberstauben und ebenfalls unterheben.

5 Die Masse auf ein mit Backpapier ausgelegtes Backblech streichen und im Ofen etwa 15 Minuten goldgelb backen. Nach der Backzeit die Stäbchenprobe machen. Dafür ein Holzstäbchen in den Teig stechen und wieder herausziehen. Klebt kein Teig daran, ist der Teig gar, ansonsten noch etwa 5 Minuten weiterbacken.

6 Die gebackene Erbsen-Minze-Masse herausnehmen, auskühlen lassen und in Rauten schneiden. Die Brühe erhitzen und mit den Rauten als Suppeneinlage servieren.

Brennnesselsuppe
mit panierten Eiern

ZUTATEN FÜR 4 PERSONEN

Für die Suppe:

400 g junge Brennnesseln

1 Handvoll Kerbel

1 Zwiebel

2 Knoblauchzehen

200 g mehligkochende Kartoffeln

1 EL Butter

1 EL Mehl

1 Schuss trockener Weißwein

etwa 600 ml Gemüsebrühe
(Rezept siehe Seite 15)

200 ml Sahne

Salz

frisch geriebene Muskatnuss

Für die panierten Eier:

4 hart gekochte Eier

1 Ei

Mehl (zum Wenden)

100 g Paniermehl

4 EL Pflanzenöl

Brennnesselblätter
(zum Garnieren)

ZUBEREITUNGSZEIT: 30 MINUTEN
GARZEIT: 20 MINUTEN

1 Die Brennnesseln und den Kerbel verlesen, waschen, putzen und hacken. Die Zwiebel und den Knoblauch schälen und würfeln. Die Kartoffeln schälen und würfeln.

2 In einem Topf die Butter erhitzen und darin die Zwiebel und den Knoblauch anschwitzen. Beides mit dem Mehl bestauben, aufschäumen lassen und mit dem Wein ablöschen.

3 Die Kartoffeln mit der Brühe und der Sahne zu den Zwiebeln in den Topf geben. Die Kartoffeln unter gelegentlichem Rühren etwa 15 Minuten leise köcheln lassen.

4 Die Brennnesseln und den Kerbel in die Kartoffelmischung rühren und alles fein pürieren. Ist die Suppe zu dickflüssig, noch ein wenig Brühe angießen. Ist sie zu dünn, ein wenig einköcheln lassen. Die Suppe mit Salz und Muskat abschmecken.

5 Für die panierten Eier die gekochten Eier pellen. Das ungekochte Ei aufschlagen und verquirlen. Die gekochten Eier zuerst in Mehl, dann im verquirlten Ei und zuletzt in Paniermehl wenden.

6 In einer Pfanne das Öl erhitzen und darin die panierten Eier rundherum goldbraun braten, herausnehmen und auf Küchenpapier abtropfen lassen.

7 Die Suppe noch einmal mit Salz und Muskat abschmecken, in vorgewärmte tiefe Teller füllen und mit je 1 panierten Ei servieren. Nach Belieben mit Brennnesselblättern garnieren.

Speckknödel- und Hühnersuppe

ZUTATEN FÜR 4 PERSONEN

Für die Speckknödelsuppe:

600 g Brötchen (vom Vortag) · etwa 250 ml Milch

1 Schalotte · 100 g Südtiroler Speck · 1 EL Butter

je 1 EL frisch gehackte(r) Petersilie und Thymian

2 Eier · Salz · frisch gemahlener Pfeffer · Semmelbrösel

1 l Fleischbrühe (Rezept siehe Seite 20)

1 EL Schnittlauchröllchen (zum Garnieren)

ZUBEREITUNGSZEIT: 30 MINUTEN
GARZEIT: 25 MINUTEN

Für die Hühnersuppe:

1 Suppenhuhn · 3 Karotten · 300 g Knollensellerie

1 ½ Stangen Lauch · ½ Zwiebel · 2 Lorbeerblätter

3–4 Gewürznelken · 1 TL weiße Pfefferkörner

½ TL Wacholderbeeren · 200 g Muschelnudeln · Salz

ZUBEREITUNGSZEIT: 30 MINUTEN / GARZEIT: 2 STUNDEN

1 **Für die Speckknödelsuppe** (im Bild oben) die Brötchen in Scheiben schneiden. Die Milch aufkochen, über die Brötchen gießen und etwa 15 Minuten ziehen lassen.
Die Schalotte schälen und mit dem Speck klein würfeln. In einer Pfanne die Butter erhitzen und beides darin kurz anschwitzen. Anschließend mit der Petersilie, dem Thymian und den Eiern unter die Brötchen mengen. Mit Salz und Pfeffer würzen und nach Bedarf noch etwas Brösel zufügen, sodass ein fester, gut formbarer Teig entsteht.
Aus der Masse 8–12 Knödel formen, in kochendes Salzwasser geben und bei niedriger Hitze 15–20 Minuten gar ziehen lassen. Die Knödel aus dem Wasser heben und auf Teller verteilen. Die Brühe erhitzen, darübergeben. Die Speckknödelsuppe mit Schnittlauch bestreut servieren.

2 **Für die Hühnersuppe** (im Bild unten) das Huhn waschen und trocken tupfen. Die Schenkel mit Küchengarn zusammenbinden. Die Karotten und den Sellerie schälen. Den Lauch putzen, waschen und längs halbieren. ½ Lauchstange quer halbieren und mit 1 Karotte und der Hälfte vom Sellerie mit Küchengarn zusammenbinden.
Die Zwiebelhälfte mit der Schnittfläche nach unten in einer Pfanne dunkelbraun anrösten und mit den Lorbeerblättern und den Gewürznelken spicken.
Das Huhn in einen großen Topf mit kaltem Wasser (etwa 2,5 Liter) geben. Das Bund Gemüse und die Zwiebel dazugeben. Alles sollte gut bedeckt sein. Die Suppe aufkochen und bei niedriger Hitze etwa 2 Stunden leicht sieden lassen, dabei entstehenden Schaum abschöpfen.
Nach etwa 1 ½ Stunden den Pfeffer und den Wacholder mit in die Brühe geben, falls nötig, Flüssigkeit nachgießen.
Die restlichen Karotten in Scheiben, den Lauch in Ringe und den Sellerie in Würfel schneiden. Das Gemüse in etwas Brühe bissfest garen. Die Nudeln in kochendem Salzwasser ebenfalls bissfest garen, abgießen und abtropfen lassen.
Das Huhn aus dem Topf heben. Das Fleisch auslösen, die Haut entfernen und das Hühnerfleisch in kleine Stücke schneiden. Die Hühnerbrühe durch ein mit einem Tuch ausgelegtes Sieb gießen, aufkochen und mit Salz abschmecken. Das Hühnerfleisch, das Gemüse und die Nudeln auf vorgewärmte Teller verteilen, die heiße Brühe darübergießen.

Steinpilzsuppe
mit Maisgrießnocken

1 Für die Gemüsebrühe die Karotten und den Sellerie putzen, schälen und in grobe Stücke schneiden. Den Lauch putzen, der Länge nach halbieren, waschen und in grobe Stücke schneiden. Die Zwiebel schälen und halbieren.

2 Das Öl in einem Topf erhitzen und darin die Zwiebelhälften mit der Schnittseite nach unten braun anbraten. Die Karotten, den Sellerie und den Lauch dazugeben und kurz mitbraten. Anschließend mit 900 ml kaltem Wasser aufgießen und das Petersiliengrün, die Pfefferkörner und das Lorbeerblatt dazugeben. Die Brühe zugedeckt etwa 45 Minuten kochen lassen.

3 Für die Maisgrießnocken 300 ml Wasser in einem kleinen Topf zum Kochen bringen. Den Maisgrieß unter Rühren einrieseln lassen, aufkochen und bei niedriger Hitze 10–15 Minuten quellen lassen. Den Grieß mit Salz, Pfeffer und Muskat würzen. Die Butter unterrühren und abkühlen lassen. Anschließend das Ei unterrühren und die Grießmasse 5 Minuten ziehen lassen.

4 In einem Topf Salzwasser zum Kochen bringen. 2 Teelöffel in Wasser tauchen und von dem Grieß kleine Nocken abstechen. Die Nocken im siedenden Salzwasser bei niedriger Hitze etwa 5 Minuten gar ziehen lassen. Mit einer Schaumkelle die Nocken herausnehmen und in einer Schüssel mit Frischhaltefolie bedeckt warm halten.

5 Die Brühe durch ein Sieb in einen Topf abgießen, das Gemüse entfernen und die Brühe mit Salz und Pfeffer abschmecken.

6 Die Pilze putzen, mit einem feuchten Küchentuch abreiben und in Scheiben schneiden.

7 Das Butterschmalz in einer Pfanne erhitzen und die Pilze darin 3 Minuten kräftig anbraten. Mit dem Weißwein ablöschen und die Pilze mit Salz und Pfeffer würzen.

8 Die Pilze in die Brühe geben und alles 3 Minuten köcheln lassen. Den Thymian waschen und trocken tupfen. Die Steinpilzsuppe auf Teller verteilen, die Maisgrießnocken einlegen und mit Thymian bestreut servieren.

ZUTATEN FÜR 4 PERSONEN

Für die Gemüsebrühe:

2 Karotten · 200 g Knollensellerie · ½ Stange Lauch

1 Zwiebel · 1 EL Olivenöl · etwas Petersiliengrün

5 Pfefferkörner · 1 Lorbeerblatt · Salz · frisch gemahlener Pfeffer

Für die Maisgrießnocken:

90 g Maisgrieß (Polenta) · ½ TL Salz · frisch gemahlener Pfeffer · frisch geriebene Muskatnuss

2 EL Butter · 1 Ei

Für die Pilze:

200 g Champignons · 300 g frische Steinpilze

2 EL Butterschmalz · 200 ml Weißwein · Salz

frisch gemahlener Pfeffer · frischer Thymian

ZUBEREITUNGSZEIT: 30 MINUTEN
GARZEIT: 15 MINUTEN

Leberknödelsuppe

ZUTATEN FÜR 4 PERSONEN

Für die Leberknödel:

5 Brezen (vom Vortag)

1 kleine Zwiebel

1 TL Butter

etwa 100 ml Milch

150 g Rinderleber

50 g Rindermilz

2 Eier

1 Msp. Abrieb von einer
unbehandelten Zitrone

Semmelbrösel (nach Bedarf)

½ TL Majoran

Salz

frisch gemahlener Pfeffer

gemahlener Kümmel

Für die Brühe:

1 Karotte

150 g Knollensellerie

½ Stange Lauch, nur das Weiße
und Hellgrüne

1 l Rinderbrühe
(Rezept siehe Seite 20)

1 EL fein geschnittene Petersilie
(zum Garnieren)

ZUBEREITUNGSZEIT: 30 MINUTEN
GARZEIT: 30 MINUTEN

1 Die Brezen in dünne Scheiben schneiden. Die Zwiebel schälen und fein würfeln. Die Butter in einer Pfanne erhitzen und die Zwiebel darin anschwitzen.

2 Die Milch erhitzen, über die Brezen gießen und diese ziehen lassen. Die Leber und die Milz durch den Fleischwolf drehen (feinste Scheibe).

3 Die Zwiebel, die ausgedrückten Brezen, die Leber, die Milz, die Eier und den Zitronenabrieb gut miteinander verkneten. Nach Bedarf Semmelbrösel untermengen, sodass der Teig gut formbar ist. Mit Majoran, Salz, Pfeffer und Kümmel würzen.

4 Mit feuchten Händen aus dem Teig 4 größere oder 8 kleinere Knödel formen. Reichlich Salzwasser aufkochen und die Knödel darin bei niedriger Hitze etwa 20 Minuten gar ziehen lassen.

5 Die Karotte und den Sellerie schälen, dann in feine Scheiben schneiden. Den Lauch putzen, waschen und in Ringe schneiden.

6 Die Rinderbrühe aufkochen lassen, das Gemüse dazugeben und alles etwa 5 Minuten gar ziehen lassen.

7 Die Knödel mit einem Schaumlöffel herausheben und abtropfen lassen. Die Brühe auf Suppentassen verteilen. Je 1 Knödel hineinlegen und die Leberknödelsuppe mit Petersilie garniert servieren.

Klare Tomatenbrühe
mit Käseklößchen

ZUTATEN FÜR 4 PERSONEN

Für die Brühe:

800 g reife Tomaten · 2 Stangen Sellerie

1 Schalotte · 2 EL Olivenöl · 4 Zweige Thymian

1 Zweig Rosmarin · 1 Lorbeerblatt · 4 weiße
Pfefferkörner · 1 Prise Zucker · Salz

600 ml Fleisch- oder Gemüsebrühe (Rezept siehe
Seite 20 bzw. Seite 15) · frisch gemahlener
Pfeffer · frisch geriebene Muskatnuss

Für die Klößchen:

200 g Ricotta · 3 Eigelb · 40 g Paniermehl 40 g Mehl

50 g Bergkäse, frisch gerieben · Salz · frisch
gemahlener Pfeffer · frisch geriebene Muskatnuss

16 Kirschtomaten · 3 Weißwürste

Basilikumblättchen (zum Garnieren)

ZUBEREITUNGSZEIT: 40 MINUTEN
GARZEIT: 55 MINUTEN

1 Die Tomaten waschen, vierteln und vom Stielansatz befreien. Den Sellerie putzen, waschen und in Scheiben schneiden. Die Schalotte schälen und würfeln.

2 In einem großen Topf das Öl erhitzen, darin die Schalotte und den Sellerie anschwitzen. Die Tomatenviertel, den Thymian, den Rosmarin, das Lorbeerblatt, die Pfefferkörner und den Zucker dazugeben. Mit Salz würzen und die Brühe angießen. Die Brühe aufkochen lassen und zugedeckt bei niedriger Hitze etwa 45 Minuten ziehen lassen.

3 Die Tomatenbrühe durch ein mit einem Mulltuch ausgelegtes feines Sieb gießen, nicht ausdrücken, denn die Brühe soll klar bleiben. Die Brühe wieder zurück in den Topf gießen.

4 Für die Klößchen den Ricotta mit den Eigelben, dem Paniermehl, dem Mehl und dem Bergkäse verrühren. Die Masse mit Salz, Pfeffer und Muskat würzen.

5 In einem Topf reichlich Salzwasser zum Kochen bringen. Mit 2 Esslöffeln Nocken aus der Klößchenmasse abstechen und diese bei niedriger Hitze im Salzwasser 6–8 Minuten gar ziehen lassen.

6 Die Kirschtomaten mit heißem Wasser überbrühen, mit kaltem Wasser abschrecken und häuten. Die Würste schräg in etwa 1,5 cm lange Stücke schneiden.

7 Die Brühe noch einmal mit Salz, Pfeffer und Muskat abschmecken. Die Kirschtomaten, die Wurstscheiben und die Käseklößchen auf Teller verteilen und mit der heißen Tomatenbrühe übergießen. Die Suppe mit Basilikumblättchen garnieren und servieren.

Linsenconsommé
mit Pfannkuchenstreifen

1 Für die Pfannkuchen das Mehl mit dem Ei, der Milch, Salz und Pfeffer sowie dem Zitronenabrieb kräftig verrühren. Die Petersilie untermischen und den Teig etwa 30 Minuten quellen lassen.

2 In einer Pfanne etwas Butterschmalz zerlassen und darin aus dem Teig 4 dünne Pfannkuchen ausbacken. Die Pfannkuchen einzeln aufrollen und auskühlen lassen.

3 Für die Consommé die Karotten und den Sellerie schälen. Den Lauch putzen, halbieren und waschen. Die Zwiebel ebenfalls schälen. Das Gemüse klein würfeln und mit dem Hackfleisch, den Eiweißen, den Eiswürfeln und den Linsen mischen.

4 Die Hackfleischmasse zusammen mit der kalten Rinderbrühe in einen Topf geben. Die Suppe unter ständigem Rühren aufkochen lassen, dann nicht mehr rühren und bei niedriger Hitze etwa 30 Minuten ziehen lassen.

5 Die Suppe vom Herd nehmen, leicht abkühlen lassen und durch ein Passiertuch oder durch ein mit einem Mulltuch ausgelegtes Sieb gießen. Nicht ausdrücken, die Consommé soll klar sein. (Erklärung des Begriffs Consommé siehe Seite 23.)

6 Die Consommé erwärmen, mit Salz, Safran, dem weißen Balsamicoessig und Sherry abschmecken.

7 Die Pfannkuchen in Streifen schneiden und auf Suppenteller verteilen. Die Consommé aufgießen und die Suppe mit Kerbelblättchen garniert servieren.

ZUTATEN FÜR 4 PERSONEN

Für die Pfannkuchen:

75 g Mehl · 1 Ei · 150 ml Milch · Salz · weißer Pfeffer

1 TL abgeriebene Schale von einer unbehandelten Zitrone · 3 EL frisch gehackte Petersilie

Butterschmalz (zum Backen)

Für die Consommé:

2 Karotten · 300 g Knollensellerie · 1 Stange Lauch

1 Zwiebel · 300 g Hackfleisch vom Rind · 3 Eiweiß

1 Handvoll Eiswürfel · 200 g Linsen, eingeweicht

1 l Rinderbrühe (Rezept siehe Seite 20)

Salz · 1 Prise Safran

weißer Balsamicoessig · Sherry

Kerbelblättchen (zum Garnieren)

ZUBEREITUNGSZEIT: 40 MINUTEN
QUELLZEIT: 30 MINUTEN / GARZEIT: 15 MINUTEN

Klare Fleischbrühe
mit Klößen

ZUTATEN FÜR 4 PERSONEN

Für die Fleischbrühe:

500 g Rindfleisch

500 g Rinderknochen

1 Zwiebel

Salz

2 Petersilienwurzeln

3 Karotten

½ Knolle Sellerie

1 Stange Lauch

1 TL Pfefferkörner

1 Lorbeerblatt

frisch geriebene Muskatnuss

Für die Klöße:

100 g Rindermark

2 Eier

150 g Weißbrotbrösel

2 EL frisch gehackte Petersilie

1 Msp. abgeriebene Schale von
einer unbehandelten Zitrone

Salz

frisch geriebene Muskatnuss

ZUBEREITUNGSZEIT: 40 MINUTEN
RUHEZEIT: 30 MINUTEN
GARZEIT: 2 STUNDEN 30 MINUTEN

1 Das Fleisch und die Knochen waschen.

2 Die Zwiebel halbieren, mit den Schnittflächen nach unten in eine Pfanne legen und goldbraun werden lassen.

3 Das Suppenfleisch und die Knochen mit den Zwiebelhälften in einen Topf geben und mit Wasser bedecken. Die Suppe mit Salz würzen, aufkochen lassen und bei niedriger Hitze 2–2 ½ Stunden knapp unter dem Siedepunkt köcheln lassen. Dabei den entstehenden Schaum abschöpfen und bei Bedarf Wasser dazugießen.

4 Die Petersilienwurzeln, die Karotten und den Sellerie schälen. Den Lauch putzen und waschen. Die Hälfte des Gemüses in kleine Würfel schneiden, den Rest beiseitelegen.

5 Das Gemüse zusammen mit den Pfefferkörnern und dem Lorbeerblatt nach etwa 1 Stunde Garzeit in die Brühe geben.

6 Für die Klöße das Mark bei niedriger Hitze in einem kleinen Topf zerlassen. Das Mark durch ein Sieb in eine Schüssel abgießen und mit einem Schneebesen schaumig rühren. Die Eier, die Brösel, die Petersilie und die Zitronenschale zum Mark geben. Alles mit Salz sowie Muskat würzen und verrühren. Die Masse 30 Minuten ruhen lassen.

7 Aus der Masse runde Klöße formen. Reichlich Salzwasser in einem Topf aufkochen und darin die Klöße bei niedriger Hitze im leicht siedenden Salzwasser in etwa 15 Minuten gar ziehen lassen. Anschließend die Klöße mit einem Schaumlöffel herausnehmen und abtropfen lassen.

8 Die restlichen Karotten und den übrigen Sellerie sowie Lauch für die Suppeneinlage in schmale, lange Streifen schneiden. Das Fleisch und die Knochen aus der Suppe nehmen und die Brühe durch ein Passiertuch gießen. Bei Bedarf das Fett von der Oberfläche abschöpfen und die Suppe etwas einkochen lassen. Zum Schluss nochmals mit Salz und Muskat abschmecken.

9 Die Gemüsestreifen mit den Klößen auf Teller verteilen, mit der heißen Brühe übergießen. Das Fleisch nach Belieben klein schneiden und separat dazu reichen.

Klare Fischsuppe
mit Einlage

ZUTATEN FÜR 4 PERSONEN

Für den Fischfond:

700 g Fischkarkassen (möglichst magere Weiß-
fische, z. B. Zander, Kabeljau), ohne Kiemen

4 Karotten · ½ Knolle Sellerie · 2 Zwiebeln

1 Knoblauchzehe · 1 Stange Lauch

250 ml trockener Weißwein · 1 TL Fenchelsamen

1 TL Pfefferkörner · 2–3 frische Lorbeerblätter

4–6 Stängel Petersilie · 2–3 Stängel Estragon · Salz

Für die Einlage:

500 g weißes Fischfilet (z. B. Kabeljau,
Steinbeißer), küchenfertig und ohne Haut

Salz · frisch gemahlener Pfeffer · Zitronensaft

Rosmarin (zum Garnieren)

ZUBEREITUNGSZEIT: 30 MINUTEN
WÄSSERN: 2 STUNDEN / GARZEIT: 30 MINUTEN

1 Für den Fond die Fischkarkassen zerkleinern. In einer Schüssel mit kaltem Wasser etwa 2 Stunden wässern. Ab und zu das Wasser wechseln, bis es klar bleibt.

2 Die Karotten, den Sellerie, die Zwiebeln sowie den Knoblauch schälen. Die Hälfte des jeweiligen Gemüses in Stücke schneiden, den Knoblauch ganz lassen. Den Lauch putzen, vierteln und waschen. Die Hälfte des Lauchs in grobe Stücke schneiden. Das restliche Gemüse beiseitestellen.

3 Für den Sud den Weißwein und etwa 1 Liter Wasser in einen ausreichend großen Topf geben. Alles aufkochen lassen und das geschnittene Gemüse sowie die Fenchelsamen, die Pfefferkörner und die Lorbeerblätter dazugeben. Den Sud etwa 15 Minuten köcheln lassen.

4 Die Fischkarkassen durch ein Sieb abgießen, abtropfen lassen und in den Sud geben. Diesen noch etwa 20 Minuten köcheln lassen. Die Petersilie und den Estragon waschen, trocken tupfen und nach etwa 10 Minuten mit der Knoblauchzehe in den Sud legen.

5 Vom Sud den entstehenden Schaum vorsichtig mit einem Schaumlöffel abschöpfen. Nach Ende der Kochzeit den Fond durch ein mit einem Tuch ausgelegtes Sieb passieren, abtropfen lassen und den Fond mit etwas Salz würzen.

6 Für die Suppeneinlage das Fischfilet waschen, trocken tupfen und in grobe Stücke teilen. Die Fischstücke mit Salz und Pfeffer würzen, dann mit etwas Zitronensaft beträufeln.

7 Die restlichen Karotten sowie den übrigen Sellerie und Lauch in feine Streifen schneiden. Den Fischfond nochmals aufkochen.

8 Die Gemüsestreifen mit den Fischstücken auf Teller verteilen, mit dem heißen Fond begießen, kurz ziehen lassen und mit Rosmarin garniert servieren.

Rindfleischsuppe

1 Das Suppengrün putzen. Den Sellerie und die Karotte schälen, den Lauch waschen. Alles in grobe Stücke teilen.

2 Die Knochen waschen und mit dem Suppengemüse, dem Lorbeerblatt sowie den Pfefferkörnern in einen Topf geben. So viel Wasser aufgießen, dass alles gut bedeckt ist. Den Sud kräftig mit Salz würzen und zum Kochen bringen. Den entstehenden Schaum abschöpfen und alles bei mittlerer Hitze 1½–2 Stunden köcheln lassen.

3 Das Rinderfilet waschen, trocken tupfen und von Fett sowie Sehnen befreien (parieren).

4 Die Karotten, den Kohlrabi und den Sellerie schälen, putzen und in mundgerechte Stücke schneiden. Den Lauch putzen, längs einschneiden, waschen und in schmale Ringe schneiden.

5 Die Rinderbrühe durch ein mit einem Mulltuch ausgelegtes Sieb passieren. Davon 1,2 Liter in einem neuen Topf zum Kochen bringen. Das Rinderfilet einlegen und bei niedriger Hitze etwa 30 Minuten gar ziehen lassen. Das Fleisch herausnehmen, kurz ruhen lassen und in dünne Streifen schneiden.

6 Die Gemüsestücke in die Brühe geben und etwa 10 Minuten köcheln lassen. Das Fleisch wieder in die Brühe einlegen. Die Suppe mit Salz und Pfeffer abschmecken, mit etwas Gemüse und Fleisch in Teller anrichten und mit Petersilie bestreut servieren.

ZUTATEN FÜR 4 PERSONEN

1 Bund Suppengrün (¼ Knolle Sellerie, 1 Karotte, ½ Stange Lauch)

700 g Rindermarkknocken · 1 Lorbeerblatt

3 Pfefferkörner · Salz · 500 g Rinderfilet, küchenfertig

150 g Karotten · 150 g Kohlrabi

150 g Knollensellerie · 1 Stange Lauch · frisch gemahlener Pfeffer

2 EL frisch gehackte Petersilie (zum Garnieren)

ZUBEREITUNGSZEIT: 30 MINUTEN
GARZEIT: 2 STUNDEN 30 MINUTEN

TIPP

Setzt man, wie in diesem Rezept, die Knochen mit Wasser und Gemüse an, erhält man eine klassische Fleischbrühe. Wird die Brühe mit Hackfleisch und Eiweiß gekocht, erhält man eine Consommé (siehe Seite 19). Das Eiweiß und das Hackfleisch binden Schwebteilchen, die Brühe wird klarer.

Kalte Bohnen-Erbsen-Suppe

ZUTATEN FÜR 4 PERSONEN

Salz

1 kg Dicke Bohnen

2 Knoblauchzehen

500 g junge Erbsen

200 ml Milch

2 EL Haselnussöl

2 EL Olivenöl

frisch gemahlener Pfeffer

ZUBEREITUNGSZEIT: 30 MINUTEN

1 In einem Topf reichlich Salzwasser aufkochen. Die Bohnen darin etwa 5 Minuten blanchieren, anschließend mit kaltem Wasser abschrecken und die Haut entfernen.

2 Den Knoblauch schälen und mit den Erbsen ebenfalls in kochendem Salzwasser etwa 4 Minuten blanchieren. Den Knoblauch herausnehmen und beiseitestellen. Die Erbsen mit kaltem Wasser abschrecken und abtropfen lassen.

3 Die Bohnen mit dem Knoblauch und der Milch pürieren. Das Haselnuss- und das Olivenöl langsam in einem feinen Strahl dazugießen und weiterpürieren, bis eine cremige Suppe entsteht.

4 Die Suppe mit Salz und Pfeffer abschmecken und in Schüsseln füllen. Die Erbsen darüber verteilen und die Bohnen-Erbsen-Suppe servieren.

Gekühlte Tomatensuppe

1 Das Olivenöl in den Eiswürfelbehälter geben und im Gefrierfach fest werden lassen.

2 Für die Suppe das Weißbrot in Wasser einweichen. Die Tomaten kreuzweise einritzen, mit kochendem Wasser überbrühen, dann mit kaltem Wasser abschrecken. Die Tomaten enthäuten, halbieren, die Samen entfernen und das Fruchtfleisch klein hacken.

3 Die Paprikaschoten putzen, die Samen und die Scheidewände entfernen. Die Schoten waschen und fein würfeln. Die Gurke schälen, längs halbieren, die Samen entfernen und das Fruchtfleisch ebenfalls würfeln. Den Knoblauch schälen und fein hacken.

4 Das eingeweichte Brot mit den Tomaten, dem Knoblauch, den Paprika- und den Gurkenwürfeln sowie dem Tomatenmark und dem Tomatensaft in einer Küchenmaschine oder mit einem Pürierstab pürieren.

5 Die Suppe mit Olivenöl, Essig, Zucker, Salz und Pfeffer abschmecken, dann für 1–2 Stunden in den Kühlschrank stellen.

6 Die Suppe vor dem Servieren nochmals mit Salz und Pfeffer abschmecken, in Schälchen füllen und mit je einem Olivenöleiswürfel garniert servieren.

ZUTATEN FÜR 4 PERSONEN

100 ml Olivenöl (für die Eiswürfel)

1 Eiswürfelbehälter

1 Scheibe Weißbrot

400 g Tomaten

1 rote Paprikaschote

1 gelbe Paprikaschote

200 g Salatgurke

2 Knoblauchzehen

2 TL Tomatenmark

200–300 ml Tomatensaft

2 EL Olivenöl · 1 EL Weißweinessig

1–2 TL Zucker · Meersalz

frisch gemahlener Pfeffer

ZUBEREITUNGSZEIT: 25 MINUTEN
KÜHL- UND GEFRIERZEIT: 4 STUNDEN

Kalte Gurkensuppe
mit Ricotta

1 Die Salatgurken schälen, der Länge nach halbieren und mit einem Löffel die Samen entfernen. Ein Stück des Fruchtfleischs (etwa 5 cm) in feine Streifen, das restliche in kleine Würfel schneiden.

2 Den Knoblauch schälen und hacken. Die Frühlingszwiebeln putzen, waschen und in Ringe schneiden. Beides mit den Gurkenwürfeln in einen hohen Becher geben und mit einem Pürierstab pürieren. So viel Mineralwasser angießen, bis die Gurkensuppe die gewünschte Konsistenz hat.

3 Den Senf und den Zitronensaft einrühren, dann die Gurkensuppe mit Salz, Pfeffer, Zucker und Kreuzkümmel abschmecken und mindestens 1 Stunde kalt stellen.

4 Den Dill waschen, trocken tupfen und die Spitzen abzupfen. Den Lachs in feine Streifen schneiden. Den Ricotta glatt rühren und mit Salz, Pfeffer und Zitronensaft abschmecken.

5 Die Suppe auf Teller verteilen. Die Lachsstreifen und die Gurkenstreifen darüber verteilen. Mit 2 Esslöffeln Nocken aus der Ricottamischung abstechen und in die Suppe geben. Die Suppe mit Olivenöl beträufeln, mit Dill garnieren und servieren.

ZUTATEN FÜR 4 PERSONEN

2 kleine Salatgurken

1 Knoblauchzehe

2 Frühlingszwiebeln

etwa 250 ml stilles Mineralwasser

1 TL Dijonsenf

3–4 EL Zitronensaft

Salz

frisch gemahlener weißer Pfeffer

etwa 1 TL Zucker

½ TL Kreuzkümmel

½ Bund Dill (zum Garnieren) · 80 g Räucherlachs

200 g Ricotta · Zitronensaft

Olivenöl (zum Beträufeln)

ZUBEREITUNGSZEIT: 30 MINUTEN
KÜHLZEIT: 1 STUNDE

Gemüsesuppe
mit Tomaten und Fenchel

ZUTATEN FÜR 4 PERSONEN

1 Scheibe Weißbrot

2–3 Knoblauchzehen

1 rote Tomate

500 g gelbe Tomaten

200 g Salatgurke

1 Fenchel

250–300 ml Gemüsebrühe
(Rezept siehe Seite 15)

Salz

frisch gemahlener Pfeffer

1–2 EL weißer Balsamicoessig

ZUBEREITUNGSZEIT: 30 MINUTEN
KÜHLZEIT: 1 STUNDE

1 Das Weißbrot klein zupfen und in lauwarmem Wasser einweichen.

2 Den Knoblauch schälen und pressen. Die Tomaten waschen, halbieren, vom Stielansatz befreien und vierteln. Die Samen entfernen und das Fruchtfleisch in kleine Würfel schneiden. Die roten Tomatenwürfel beiseitestellen.

3 Die Gurke schälen, längs halbieren, die Samen entfernen und das Fruchtfleisch ebenfalls in kleine Würfel schneiden. Einige Würfel beiseitestellen. Den Fenchel putzen und waschen, das Grün beiseitelegen. Den Fenchel halbieren und in kleine Würfel schneiden.

4 Die Gurken- und die Fenchelwürfel, das gut ausgedrückte Brot, den Knoblauch und die Gemüsebrühe zu den Tomaten geben und alles in der Küchenmaschine oder mit einem Pürierstab grob pürieren. Je nach gewünschter Konsistenz etwas mehr oder weniger Brühe verwenden. Mit Salz, Pfeffer und weißem Balsamicoessig abschmecken. Die Gemüsesuppe in Schüsseln füllen und 1 Stunde kühl stellen.

5 Vor dem Servieren die Tomaten- und Gurkenwürfel über der Gemüsesuppe verteilen und mit Fenchelgrün garniert servieren.

Wirsingsuppe
mit Knoblauch und Reis

1 Die Zwiebel und den Knoblauch schälen und fein hacken. Die Butter in einer Pfanne erhitzen und beides darin kurz anschwitzen.

2 Den Reis zu der Zwiebel geben und alles mit der Brühe ablöschen. Den Reis unter gelegentlichem Rühren etwa 30 Minuten leise köcheln lassen, bis er beginnt zu zerfallen.

3 In der Zwischenzeit den Wirsing putzen und die äußeren Blätter entfernen. Den Wirsing halbieren, waschen und in Streifen schneiden. Die Wirsingstreifen in die Suppe geben. Diese mit Salz und Pfeffer würzen und etwa weitere 15 Minuten unter gelegentlichem Rühren leise köcheln lassen. Nach Bedarf noch ein wenig Brühe dazugießen.

4 Nach der Kochzeit die Suppe nochmals mit Salz, Pfeffer und Muskat abschmecken, auf Schüsseln verteilen und mit Petersilie bestreut servieren.

ZUTATEN FÜR 4 PERSONEN

1 Zwiebel

3 Knoblauchzehen

2 EL Butter

250 g Langkornreis

etwa 800 ml Geflügelbrühe oder Gemüsebrühe

500 g Wirsing

Salz

frisch gemahlener Pfeffer

frisch geriebene Muskatnuss

2 EL frisch gehackte Petersilie (zum Garnieren)

ZUBEREITUNGSZEIT: 10 MINUTEN
GARZEIT: 45 MINUTEN

Sommergemüsesuppe

1 Den Kohlrabi und die Perlzwiebeln schälen. Die Zucchini, die Bohnen, die Zuckerschoten und die Erbsen waschen und putzen. Die Zucchini in Scheiben, den Kohlrabi in mundgerechte Stücke schneiden. Die Bohnen in 2 cm lange Stücke schneiden.

2 In einem Topf 2 Esslöffel Öl erhitzen und das gesamte Gemüse darin kurz anschwitzen. Die Brühe angießen und die Suppe bei mittlerer Hitze 10–15 Minuten köcheln lassen.

3 Das Basilikumpesto in die Gemüsesuppe rühren, mit Salz und Pfeffer abschmecken und die Suppe in Tassen oder Schälchen angerichtet servieren. Nach Belieben Weißbrot dazu reichen.

ZUTATEN FÜR 4 PERSONEN

200 g Kohlrabi · 100 g Perlzwiebeln · 200 g Zucchini

150 g grüne Bohnen · 100 g Zuckerschoten

150 g grüne Erbsen · 2 EL Olivenöl

1 l Gemüsebrühe · 2–3 EL Basilikumpesto

Salz · frisch gemahlener Pfeffer · Weißbrot (nach Belieben zum Servieren)

ZUBEREITUNGSZEIT: 30 MINUTEN
GARZEIT: 15 MINUTEN

TIPP

Für das Basilikumpesto hacken Sie 2 Handvoll Baslikumblättchen fein. Reiben Sie etwa 50 g Hartkäse. Verrühren Sie den Basilikum, den Käse und 1 Esslöffel gemahlene Kerne (z. B. Haselnuss- oder Pinienkerne) in einer kleinen Schüssel oder im Mixer mit 100 ml Öl zu einer Paste. Schmecken Sie das Pesto mit Salz und Pfeffer ab.

Himbeersuppe
mit Gebäck

ZUTATEN FÜR 4 PERSONEN

Für die Suppe:

350 g Himbeeren

50 g Zucker

Himbeersaft

½–1 EL Speisestärke

Saft von ½ Zitrone

Für das Gebäck:

200 g frischer Blätterteig

Mehl (zum Arbeiten)

60 g Brombeerkonfitüre

1 Eigelb

60 g Puderzucker

1 EL Zitronensaft

Brombeeren (zum Garnieren)

ZUBEREITUNGSZEIT: 35 MINUTEN
KÜHLZEIT: 1 STUNDE
BACKZEIT: 20 MINUTEN

1 Die Himbeeren vorsichtig säubern und mit dem Zucker pürieren. Das Püree anschließend durch ein Sieb streichen, um die Kerne zu entfernen. So viel Saft zugießen, dass insgesamt 500 ml im Messbecher sind. Das Himbeerpüree in einem Topf zum Kochen bringen und bei mittlerer Hitze 10 Minuten köcheln lassen.

2 Die Speisestärke mit etwas kaltem Wasser anrühren und mit dem Zitronensaft in die Himbeersuppe mischen. Die Suppe in Schälchen füllen und abkühlen lassen.

3 Den Backofen auf 200 °C (Ober- und Unterhitze) vorheizen.

4 Für das Gebäck den Blätterteig auf bemehlter Arbeitsfläche ausrollen und Kreise mit etwa 4 cm Durchmesser ausschneiden oder ausstechen.

5 Die Hälfte der Teigkreise mit der Brombeerkonfitüre bestreichen, einen zweiten Teigkreis auflegen. Die Kreise auf ein mit Backpapier ausgelegtes Backblech legen. Die oberen Teigkreise mit Eigelb bestreichen und das Blätterteiggebäck im Ofen etwa 20 Minuten goldgelb backen, dann herausnehmen und abkühlen lassen.

6 Den Puderzucker mit dem Zitronensaft verrühren und das Gebäck damit überziehen. Je eine Brombeere auf den Guss setzen und trocknen lassen.

7 Die Himbeersuppe mit dem Gebäck servieren.

Gelierte Beerensuppe
mit Schnee-Eiern

ZUTATEN FÜR 4 PERSONEN

Für die Suppe:

3 Blatt rote Gelatine

1 unbehandelte Zitrone

150 g Himbeeren

150 g Heidelbeeren

150 g Erdbeeren

150 g Brombeeren

150 g rote Johannisbeeren

400 ml roter Johannisbeersaft

2 EL Puderzucker

Für die Schnee-Eier:

2 Eiweiß

1 TL Zitronensaft

40 g Puderzucker

1 Prise Salz

ZUBEREITUNGSZEIT: 30 MINUTEN
KÜHLZEIT: 2 STUNDEN

1 Die Gelatine in kaltem Wasser einweichen. Die Zitrone heiß waschen, trocken tupfen und von der Schale dünne Streifen abschneiden oder mit dem Zestenreißer abschälen, dabei keine weiße Haut mit abschneiden. Den Saft auspressen.

2 Die Beeren verlesen, putzen und bei Bedarf waschen. Zwei Drittel der Beeren mit dem Zitronensaft, dem Johannisbeersaft und dem Puderzucker in der Küchenmaschine oder mit einem Pürierstab fein pürieren.

3 Die Gelatine tropfnass in einem Topf schmelzen, 2 Esslöffel von dem Beerenpüree unterrühren, anschließend die Gelatinemischung in das restliche Püree rühren.

4 Die Beerensuppe auf Teller verteilen, die restlichen Beeren darüber verteilen und etwa 2 Stunden in den Kühlschrank stellen.

5 Für die Schnee-Eier die Eiweiße mit dem Zitronensaft steif schlagen und nach und nach den Zucker einrieseln lassen.

6 In einem großen Topf reichlich Wasser mit 1 Prise Salz zum Kochen bringen, dann die Temperatur reduzieren. Mit 2 Esslöffeln Nocken von dem Eischnee abstechen und diese im siedenden Wasser etwa 2 Minuten ziehen lassen.

7 Die Beerensuppe aus dem Kühlschrank nehmen, die Schnee-Eier darauf anrichten und mit Zitronenzesten garniert servieren.

TIPP

Sie können die Beeren auch in unterschiedlichen Mengen verwenden. Wenn Sie beispielsweise keine Johannisbeeren mögen oder besorgen können, nehmen Sie einfach mehr Himbeeren oder Erdbeeren. Am Ende sollten es insgesamt 750 g Beeren sein.

Buntes & Würziges

Frühlingsgemüsetopf

ZUTATEN FÜR 4 PERSONEN

1 l Gemüsebrühe
(siehe Rezept Seite 15)

200 g weißer Spargel

200 g festkochende Kartoffeln

200 g Karotten

200 g Blumenkohlröschen

200 g Brokkoliröschen

100 g Zuckerschoten

100 g grüne Erbsen

1 Eigelb

100 ml Sahne

Salz

frisch gemahlener Pfeffer

ZUBEREITUNGSZEIT: 30 MINUTEN
GARZEIT: 25 MINUTEN

1 Die Brühe in einem Topf erhitzen.

2 Den Spargel schälen, die holzigen Enden abschneiden und die Stangen in 4 cm lange Stücke teilen. Den Spargel in der kochenden Brühe etwa 10 Minuten köcheln lassen, die Spargelspitzen erst nach 4 Minuten Garzeit dazugeben. Dann den Spargel herausnehmen und gut abtropfen lassen. Die Kartoffeln schälen, in mundgerechte Stücke teilen und in kochendem Salzwasser etwa 15 Minuten garen.

3 Die Karotten schälen und in Stifte schneiden. Die Blumenkohl- und die Brokkoliröschen, die Zuckerschoten sowie die Erbsen putzen, waschen und mit den Karotten in der Brühe bissfest garen. Das Gemüse herausnehmen und abtropfen lassen.

4 Das Eigelb mit der Sahne verquirlen, etwas Brühe einrühren. Die Eiersahne unter die restliche Brühe rühren. Die Suppe mit Salz und Pfeffer abschmecken, nicht mehr kochen lassen, da das Eigelb sonst gerinnt.

5 Die Karotten, den Blumenkohl, den Brokkoli, die Zuckerschoten, die Erbsen und den Spargel mit den Kartoffeln in die Suppe geben. Das Gemüse in dem Eintopf kurz erwärmen.

6 Den Frühlingsgemüsetopf mit Salz und Pfeffer abschmecken und in vorgewärmten Tellern servieren.

Nudel-Gemüse-Suppe
mit Huhn

ZUTATEN FÜR 4 PERSONEN

250 g Spaghetti

Salz

6 Tomaten

800 ml Hühnerbrühe
(Rezept siehe Seite 14)

400 g Hähnchenbrustfilet,
küchenfertig und ohne Haut

300 g grüne Erbsen

frisch gemahlener Pfeffer

ZUBEREITUNGSZEIT: 30 MINUTEN
GARZEIT: 25 MINUTEN

1 Die Spaghetti in reichlich kochendem Salzwasser bissfest garen. Die Nudeln abgießen, mit kaltem Wasser abschrecken und gut abtropfen lassen.

2 Die Tomaten kreuzweise einschneiden, mit heißem Wasser überbrühen, dann mit kaltem Wasser abschrecken. Die Tomaten enthäuten, vierteln, den Stielansatz sowie die Samen entfernen und das Fruchtfleisch in kleine Würfel schneiden.

3 Die Brühe erhitzen. Das Fleisch waschen und in der Brühe etwa 20 Minuten garen. Die Erbsen nach 12 Minuten dazugeben und mitgaren. Anschließend die Filets und die Erbsen herausnehmen. Das Fleisch leicht abkühlen lassen und in mundgerechte Stücke schneiden.

4 Die Brühe noch einmal mit Salz und Pfeffer abschmecken. Die Nudeln mit den Tomatenwürfeln, den Erbsen und dem Fleisch auf Tassen oder Suppenschalen verteilen, mit der heißen Brühe übergießen und servieren.

Nudelsuppe
mit Ochsenschwanz

1 Die Zwiebeln schälen und grob hacken. Die Karotten und den Sellerie schälen. Den Lauch putzen und waschen. Die Hälfte der Karotten und des Selleries sowie 1 Stange Lauch in grobe Stücke schneiden. Das restliche Gemüse in Stifte schneiden.

2 Das grob geschnittene Gemüse mit den Ochsenschwanzstücken in einen großen Topf geben. Etwa 1,5 Liter Wasser angießen, 1 Teelöffel Salz, die Wacholderbeeren, die Pfefferkörner, die Lorbeerblätter und den Thymian dazugeben. Den Sud aufkochen, danach bei niedriger Hitze etwa 4 Stunden sanft köcheln lassen.

3 Nach 3 Stunden die Fleischstücke herausnehmen. Das Fleisch von den Knochen lösen und klein schneiden. Die Knochen wieder in den Topf geben und die Brühe weiter 1 Stunde köcheln lassen.

4 Die Brühe nach der Kochzeit durch ein Sieb passieren und wieder in den Topf gießen. Die Brühe zum Kochen bringen, die Fadennudeln und die Gemüsestifte dazugeben, dann alles wieder 6–8 Minuten garen lassen.

5 Anschließend die Fleischstücke und die Petersilie in die Ochsenschwanzsuppe geben, diese nochmals mit Salz und Pfeffer abschmecken und servieren.

ZUTATEN FÜR 4 PERSONEN

2 Zwiebeln

300 g Karotten

300 g Knollensellerie

2 Stangen Lauch

1 kg Ochsenschwanz, in Stücke gehackt

Salz

1 TL Wacholderbeeren

1 TL schwarze Pfefferkörner

2 Lorbeerblätter

4 Zweige Thymian

200 g Fadennudeln

1 EL frisch gehackte Petersilie

frisch gemahlener Pfeffer

ZUBEREITUNGSZEIT: 45 MINUTEN
GARZEIT: 4 STUNDEN 15 MINUTEN

Pfifferlingsuppe
mit Sauerrahm und Petersilie

1 Die Pfifferlinge putzen und in Stücke schneiden. Den Speck fein würfeln. Die Zwiebel und den Knoblauch schälen und fein hacken. Die Petersilie waschen, trocken tupfen und fein hacken.

2 Die Butter in einem Topf erhitzen und die Zwiebeln mit dem Knoblauch darin glasig dünsten. Den Speck dazugeben und kurz anbraten. Die Pilze mitbraten und alles mit Salz, Muskat und wenig Pfeffer würzen.

3 Den Wein angießen. Die Flüssigkeit zuerst einkochen lassen, dann die Brühe (bis auf 100 ml) dazugeben. Die Suppe einmal aufkochen lassen, anschließend den Topf vom Herd nehmen.

4 Den Sauerrahm oder die Crème fraîche mit der restlichen Brühe verquirlen. Diese Mischung unter die Suppe rühren. Die Suppe nochmals mit Salz, Pfeffer und etwas Muskat abschmecken, in vorgewärmten Suppenschalen anrichten und mit der Petersilie bestreut servieren.

ZUTATEN FÜR 4 PERSONEN

500 g Pfifferlinge

75 g durchwachsener Speck

1 Zwiebel

1 Knoblauchzehe

½ Bund Petersilie (zum Garnieren)

1 EL Butter

Salz

1 Prise frisch geriebene Muskatnuss

frisch gemahlener Pfeffer

50 ml trockener Weißwein

700 ml Gemüsebrühe (Rezept siehe Seite 15)

75 g Sauerrahm oder Crème fraîche

ZUBEREITUNGSZEIT: 30 MINUTEN
GARZEIT: 15 MINUTEN

Gersten-Tomaten-Suppe
mit Pilzen

ZUTATEN FÜR 4 PERSONEN

200 g Gerste

1 Lorbeerblatt

1 Schalotte

1 Knoblauchzehe

250 g frische Steinpilze

1 Zweig Rosmarin

3 Zweige Zitronenthymian

3 EL Olivenöl

400 g gestückelte Tomaten
(aus der Dose)

600 ml Gemüsebrühe
(Rezept siehe Seite 15)

Salz

frisch gemahlener Pfeffer

ZUBEREITUNGSZEIT: 30 MINUTEN
EINWEICHZEIT: 12 STUNDEN
GARZEIT: 55 MINUTEN

1 Die Gerste über Nacht in 600 ml Wasser einweichen.

2 Am nächsten Tag die Gerste mit dem Lorbeerblatt zum Kochen bringen und bei mittlerer Hitze etwa 40 Minuten köcheln lassen, anschließend abgießen und abtropfen lassen.

3 Die Schalotte und den Knoblauch schälen und fein hacken. Die Pilze putzen und klein schneiden. Den Rosmarin und den Zitronenthymian waschen, trocken tupfen und die Nadeln bzw. die Blättchen abzupfen.

4 In einem Topf 2 Esslöffel Öl erhitzen und die Schalotte mit dem Knoblauch darin glasig schwitzen. Die Tomaten dazugeben, die Brühe angießen und alles bei mittlerer Hitze etwa 15 Minuten köcheln lassen. Dabei die Tomaten gelegentlich mit einem Schneebesen leicht zerdrücken.

5 In einer Pfanne das restliche Öl erhitzen und darin die Pilze so lange braten, bis die Flüssigkeit in der Pfanne vollständig verdampft ist. Die Kräuter untermischen. Die Pilze mit Salz und Pfeffer abschmecken und die Pfanne vom Herd nehmen.

6 Die Gerste und die Pilze unter die Suppe mischen. Die Tomatensuppe mit Salz und Pfeffer abschmecken, noch einmal kurz aufkochen lassen, erneut abschmecken und in Suppenschalen angerichtet servieren.

Hühnersuppe mit Tomaten, Zwiebeln, Karotten und Bohnen

ZUTATEN FÜR 4 PERSONEN

400 g Hähnchenbrustfilet,
küchenfertig und ohne Haut

200 g grüne Bohnen

Salz

3 Zwiebeln

500 g kleine Tomaten
(rot und gelb)

3 Karotten

frisch gemahlener Pfeffer

edelsüßes Paprikapulver

Olivenöl (zum Braten)

150 ml trockener Weißwein

850 ml Hühnerbrühe
(Rezept siehe Seite 14)

2 EL Schnittlauchröllchen
(zum Garnieren)

ZUBEREITUNGSZEIT: 30 MINUTEN
GARZEIT: 20 MINUTEN

1 Das Fleisch waschen und trocken tupfen.

2 Die Bohnen waschen, putzen und in kochendem Salzwasser etwa 10 Minuten blanchieren. Die Bohnen abgießen, mit kaltem Wasser abschrecken und gut abtropfen lassen.

3 Die Zwiebeln schälen und in Spalten schneiden. Die Tomaten putzen, waschen und gegebenenfalls halbieren. Die Karotten schälen und schräg in schmale Scheiben schneiden oder hobeln.

4 Die Hähnchenbrustfilets mit Salz, Pfeffer und Paprika würzen. In einer heißen Pfanne 2 Esslöffel Öl erhitzen und das Fleisch rundherum goldbraun anbraten. Die Temperatur reduzieren und das Fleisch einige Minuten gar ziehen lassen.

5 In einem Topf 2 Esslöffel Öl erhitzen und die Zwiebeln mit den Karotten anschwitzen. Mit dem Wein ablöschen, die Brühe angießen und bei mittlerer Hitze etwa 5 Minuten köcheln lassen. Dann die Tomaten und die Bohnen dazugeben. Die Suppe mit Salz und Pfeffer würzen, dann weitere 5 Minuten köcheln lassen.

6 Das Fleisch in mundgerechte Stücke schneiden, in die Suppe legen und kurz ziehen lassen. Die Suppe nochmals mit Salz und Pfeffer abschmecken, auf Teller verteilen und mit Schnittlauchröllchen bestreut servieren.

Kartoffel-Sauerkraut-Suppe
mit Apfel

1 Die Kartoffeln schälen und würfeln. Die Schalotte schälen und fein hacken.

2 In einem Topf 2 Esslöffel Butter zerlassen und darin die Schalotte anschwitzen. Die Kartoffeln und das Tomatenmark dazugeben. Alles mit der Brühe ablöschen und zugedeckt 20–25 Minuten garen.

3 Die Suppe mit einem Pürierstab fein pürieren und mit dem Paprikapüree, Salz, Pfeffer und Kümmel abschmecken.

4 Das Sauerkraut abtropfen lassen und in die Suppe geben.

5 Den Oregano waschen und trocken tupfen. Die Äpfel waschen, abtrocknen, vierteln, das Kerngehäuse entfernen und die Apfelviertel in schmale Spalten schneiden.

6 Die restliche Butter in einer beschichteten Pfanne erhitzen und die Apfelscheiben darin portionsweise goldbraun anbraten.

7 Die Suppe nochmals erwärmen, dann in 4 Suppenschalen füllen. Die Apfelspalten einlegen und die Kartoffel-Sauerkraut-Suppe mit einem Klecks Sauerrahm und Oreganozweigen garniert servieren.

ZUTATEN FÜR 4 PERSONEN

500 g mehligkochende Kartoffeln

1 Schalotte

6 EL Butter

1 TL Tomatenmark

800 ml Gemüsebrühe (Rezept siehe Seite 15)

3 EL Paprikapüree (aus dem Glas)

Salz

frisch gemahlener Pfeffer

1 Msp. gemahlener Kümmel

200 g Sauerkraut (aus der Dose)

4 Zweige Oregano (zum Garnieren)

2 säuerliche Äpfel (z. B. Elstar)

4 EL Sauerrahm (zum Garnieren)

ZUBEREITUNGSZEIT: 25 MINUTEN
GARZEIT: 30 MINUTEN

Pikante Apfelsuppe
mit Speck und Majoran

1 Die Äpfel waschen und schälen, 1 Apfel beiseitelegen. Die restlichen vierteln, das Kerngehäuse entfernen und die Apfelviertel fein würfeln. Die Zwiebel und den Sellerie schälen und ebenfalls fein würfeln.

2 In einem Topf 1 Esslöffel Butter zerlassen und darin die Zwiebelwürfel mit dem Sellerie anschwitzen. Die Apfelwürfel dazugeben und kurz mitschwitzen. Alles mit dem Apfelwein ablöschen, kurz reduzieren, dann die Gemüsebrühe angießen. Die Suppe etwa 25 Minuten zugedeckt köcheln lassen.

3 Den übrigen ganzen Apfel vierteln und das Kerngehäuse entfernen. Den Apfel in schmale Spalten schneiden.

4 Die restliche Butter in einer Pfanne erhitzen und den Speck darin knusprig anbraten, herausnehmen und auf Küchenpapier abtropfen lassen. Die Apfelspalten in dem restlichen Speckfett in der Pfanne etwa 5 Minuten braun anbraten. Anschließend herausnehmen und beiseitestellen.

5 Die Suppe mit einem Pürierstab pürieren. Die Sahne dazugießen und alles erhitzen, aber nicht kochen lassen.

6 Die Apfelsuppe mit Salz und Pfeffer abschmecken, in Suppenschalen füllen und mit dem Speck, den gebratenen Apfelspalten und Majoranblättchen garniert servieren.

ZUTATEN FÜR 4 PERSONEN

5 säuerliche Äpfel (z. B. Elstar)

1 Zwiebel

250 g Knollensellerie

2 EL Butter

200 ml Apfelwein

etwa 800 ml Gemüsebrühe
(Rezept siehe Seite 15)

50 g Speckscheiben

150 ml Sahne

Salz · frisch gemahlener Pfeffer

2 EL frische Majoranblättchen (zum Garnieren)

ZUBEREITUNGSZEIT: 30 MINUTEN
GARZEIT: 30 MINUTEN

Pilzsuppe
mit Kartoffelteignudeln

ZUTATEN FÜR 4 PERSONEN

Für die Kartoffelnudeln:

400 g mehligkochende Kartoffeln

Salz

frisch geriebene Muskatnuss

etwa 100 g Mehl

1 Ei

Mehl (zum Arbeiten)

Für die Pilzsuppe:

50 g getrocknete,
gemischte Pilze

100 g Petersilienwurzel

100 g Knollensellerie

100 g Kohlrabi

150 g mehligkochende Kartoffeln

200 g Karotten

150 g Pfifferlinge

1 Zwiebel

2 EL Butter

100 ml trockener Weißwein

800 ml Gemüsebrühe
(Rezept siehe Seite 15)

100 ml Sahne

Salz

frisch gemahlener Pfeffer

ZUBEREITUNGSZEIT: 20 MINUTEN
GARZEIT: 30 MINUTEN

1 Für die Kartoffelteignudeln die Kartoffeln waschen und in Salzwasser etwa 30 Minuten gar kochen, abgießen und ein wenig abkühlen lassen. Die Kartoffeln anschließend schälen und durch die Kartoffelpresse drücken oder mit einem Stampfer zu Püree verarbeiten.

2 Das Kartoffelpüree auf eine Arbeitsfläche geben und mit Salz und Muskat würzen. Das Mehl darüberstreuen, das Ei darüberschlagen und alles zu einem geschmeidigen, glatten Teig verkneten. Etwa ein Drittel davon auf einer bemehlten Arbeitsfläche zu einem fingerdicken Strang ausrollen. Etwa 1 cm dicke, schräge Stücke abstechen oder schneiden. Den restlichen Teig ebenso verarbeiten, dann die Kartoffelnudeln abgedeckt auf der Arbeitsfläche ruhen lassen.

3 In der Zwischenzeit für die Suppe die getrockneten Pilze in lauwarmem Wasser einweichen. Die Petersilienwurzel, den Sellerie, den Kohlrabi, die Kartoffeln und die Karotten schälen. Die Karotten in schmale Scheiben schneiden, das restliche Gemüse klein würfeln. Die Pfifferlinge putzen und ebenfalls klein schneiden. Die Zwiebel schälen und fein hacken.

4 In einem Topf die Butter zerlassen und die Zwiebel darin glasig schwitzen. Die Pfifferlinge und die Petersilienwurzel, den Sellerie, den Kohlrabi und die Kartoffeln (aber nicht die Karottenscheiben) dazugeben und kurz mitschwitzen. Mit dem Weißwein ablöschen, kurz reduzieren, dann die Brühe angießen und die Sahne einrühren. Die Suppe bei mittlerer Hitze etwa 15 Minuten köcheln lassen.

5 In einem weiteren Topf reichlich Salzwasser zum Kochen bringen und die Kartoffelnudeln portionsweise hineingeben. Die Nudeln etwa 5 Minuten köcheln lassen, bis sie an die Oberfläche steigen, dann herausnehmen und abtropfen lassen.

6 Die eingeweichten Pilze abgießen und in Streifen schneiden. Die Suppe mit einem Pürierstab pürieren und mit Salz und Pfeffer abschmecken. Ist die Suppe zu dickflüssig, noch etwas Brühe angießen. Die eingeweichten Pilze und die Karottenscheiben in die Suppe geben, diese noch einmal aufkochen und etwa 5 Minuten bei niedriger Hitze ziehen lassen.

7 Die Pilzsuppe erneut mit Salz und Pfeffer abschmecken. Die Kartoffelnudeln auf Suppenschalen oder Suppenteller verteilen, die Suppe darübergießen und sofort servieren.

Schweinefleischeintopf

mit Graupen

1 Das Fleisch waschen, trocken tupfen und in mundgerechte Stücke schneiden. Die Fleischstücke mit den Graupen, den Lorbeerblättern, den Pfefferkörnern und der Brühe in einem Topf zum Kochen bringen und bei mittlerer Hitze etwa 40 Minuten köcheln lassen.

2 Den Speck in einer Pfanne ohne Fett auslassen und knusprig braten.

3 Den Kürbis schälen, halbieren, die Kerne entfernen und das Fruchtfleisch würfeln. Die Kartoffeln schälen und klein würfeln. Die Frühlingszwiebeln putzen, waschen und in Ringe schneiden.

4 Die Frühlingszwiebeln sowie die Kürbis- und Kartoffelwürfel zum Speck in die Pfanne geben und kurz mitschwitzen.

5 Die Kürbismischung zur Graupensuppe geben und den Eintopf weitere 10 Minuten köcheln lassen.

6 Den Schweinfleischeintopf mit Salz und Pfeffer abschmecken, mit Schnittlauchröllchen garnieren und in tiefen Tellern angerichtet servieren.

ZUTATEN FÜR 4 PERSONEN

500 g Schweinefleisch (z. B. Nuss oder Schulter), küchenfertig

150 g Graupen

2 Lorbeerblätter

3 Pfefferkörner

1 l Fleischbrühe (Rezept siehe Seite 20)

100 g Bauchspeck

200 g Kürbis (z. B. Muskatkürbis)

200 g Kartoffeln

3 Frühlingszwiebeln

Salz

frisch gemahlener Pfeffer

2 EL Schnittlauchröllchen (zum Garnieren)

ZUBEREITUNGSZEIT: 30 MINUTEN
GARZEIT: 50 MINUTEN

Würzige Linsensuppe

1 Den Kohl putzen und waschen. Die dicken Blattrippen herausschneiden und die Kohlblätter in schmale Streifen schneiden.

2 Die Bohnen waschen, putzen und in 2 cm lange Stücke schneiden. Den Spargel im unteren Drittel schälen und jede Stange schräg in drei Teile schneiden. Die Zucchini putzen, waschen, längs halbieren, vierteln und in schmale Schnitze teilen. Die Karotten schälen und raspeln. Den Knoblauch und den Ingwer schälen und fein hacken.

3 Die Linsen über einem Sieb abwaschen und gut abtropfen lassen. In einem Topf das Öl erhitzen und darin den Knoblauch mit dem Ingwer und der Zitronenschale anschwitzen. Die Bohnen, den Spargel, die Zucchini und die Karotten dazugeben und kurz mitschwitzen.

4 Die Brühe angießen und die Linsen untermischen. Die Linsensuppe bei mittlerer Hitze 10–15 Minuten köcheln lassen. Die Suppe mit Balsamicoessig und Pfeffer abschmecken, auf Suppenschalen verteilen und sofort servieren.

ZUTATEN FÜR 4 PERSONEN

½ Chinakohl

150 g grüne Bohnen

150 g grüner Spargel

1 Zucchini

2 Karotten

1 Knoblauchzehe

2 cm frischer Ingwer

150 g gelbe Linsen

2 EL Pflanzenöl

1 TL abgeriebene Schale von einer unbehandelten Zitrone

900 ml Gemüsebrühe (Rezept siehe Seite 15)

weißer Balsamicoessig

frisch gemahlener Pfeffer

ZUBEREITUNGSZEIT: 25 MINUTEN
GARZEIT: 30 MINUTEN

Bohnen-Kürbis-Eintopf
mit Spinat

ZUTATEN FÜR 4 PERSONEN

300 g Butterbohnen

300 g Kürbis (z. B. Muskat, Hokkaido)

200 g festkochende Kartoffeln

1 Zwiebel

2 EL Olivenöl

800–900 ml Gemüsebrühe (Rezept siehe Seite 15)

100 g frischer Blattspinat

Salz

frisch gemahlener Pfeffer

frisch geriebene Muskatnuss

Graubrot, geröstet (nach Belieben zum Servieren)

ZUBEREITUNGSZEIT: 30 MINUTEN
GARZEIT: 25 MINUTEN

1 Die Bohnen waschen und in kochendem Salzwasser 6–8 Minuten blanchieren. Die Bohnen abgießen, mit kaltem Wasser abschrecken und gut abtropfen lassen.

2 Den Kürbis schälen, halbieren und die Kerne entfernen. Das Kürbisfruchtfleisch in 1 cm kleine Würfel schneiden. Die Kartoffeln ebenfalls schälen und in 1 cm kleine Würfel schneiden. Die Zwiebel schälen und fein würfeln.

3 In einem Topf das Öl erhitzen und die Zwiebel darin glasig schwitzen. Die Kartoffel- und die Kürbiswürfel dazugeben, kurz mitschwitzen und die Brühe angießen. Den Kürbiseintopf bei mittlerer Hitze 10 Minuten köcheln lassen.

4 Die Bohnen zum Eintopf geben und diesen weitere 5 Minuten köcheln lassen. Den Spinat verlesen, putzen, waschen und trocken schleudern.

5 Den Eintopf mit Salz, Pfeffer und Muskat abschmecken, den Spinat untermischen und die Suppe auf tiefe Teller oder Suppenschalen verteilen. Nach Belieben mit frisch geröstetem Brot servieren.

Graupen-Steckrüben-Suppe

mit Kasseler und Backpflaumen

ZUTATEN FÜR 4 PERSONEN

150 g Graupen

1 Stange Lauch

400 g Steckrüben

80 g Backpflaumen

1 l Gemüsebrühe
(Rezept siehe Seite 15)

300 g gegartes Kasseler
(am Stück)

1 TL frisch gehackter Liebstöckel

2 EL Schnittlauchröllchen

Salz

frisch gemahlener Pfeffer

frisch geriebener Meerrettich
(zum Garnieren)

ZUBEREITUNGSZEIT: 30 MINUTEN
GARZEIT: 1 STUNDE

1 Die Graupen in einem Sieb abwaschen und in kochendem Salzwasser etwa 45 Minuten bei mittlerer Hitze garen, dann abgießen und abtropfen lassen.

2 Den Lauch putzen, längs einschneiden, waschen und in feine Ringe schneiden. Die Steckrüben schälen und in kleine Würfelchen schneiden. Die Backpflaumen klein schneiden.

3 Die Brühe in einem Topf erhitzen. Den Lauch und die Steckrüben mit den Graupen etwa 10 Minuten bei mittlerer Hitze darin köcheln lassen.

4 Das Kasseler klein schneiden, dazugeben und alles weitere 3 Minuten köcheln lassen. Dann die Backpflaumen, den Liebstöckel und den Schnittlauch dazugeben. Die Suppe mit Salz und Pfeffer abschmecken und kurz ziehen lassen.

5 Die Graupen-Steckrüben-Suppe in tiefen Tellern anrichten und mit frisch geriebenem Meerrettich garnieren.

TIPP

Reichen Sie zu der Steckrübensuppe frisches Bauernbrot. Statt Backpflaumen können Sie auch anderes Backobst ausprobieren, z. B. getrocknete Aprikosen.

Wirsingsuppe mit Wurst

1 Den Wirsing putzen, die äußeren Blätter entfernen. Den Wirsing halbieren, waschen und in breite Streifen schneiden.

2 Die Zwiebel, den Knoblauch und die Kartoffeln schälen. Die Zwiebel halbieren und in Streifen schneiden. Den Knoblauch fein hacken und die Kartoffel klein würfeln.

3 Das Öl in einem Topf erhitzen und darin den Wirsing, die Zwiebel und den Knoblauch anschwitzen. Alles mit der Brühe ablöschen. Die Kartoffeln dazugeben und die Suppe 20–25 Minuten leise gar köcheln lassen.

4 Die Debrecziner in Scheiben schneiden und mit der Sahne und der Crème fraîche in die Suppe rühren. Die Suppe weitere 5 Minuten erhitzen, dann mit Salz und Pfeffer abschmecken.

5 Die Wirsingsuppe auf Suppenschalen verteilen und mit Thymian bestreut servieren.

ZUTATEN FÜR 4 PERSONEN

500 g Wirsing

1 Gemüsezwiebel

1 Knoblauchzehe

400 g festkochende Kartoffeln

2 EL Pflanzenöl

etwa 800 ml Fleischbrühe
(Rezept siehe Seite 20)

2–3 Debrecziner

150 ml Sahne

2 EL Crème fraîche

Salz

frisch gemahlener Pfeffer

1 EL frisch gehackter Thymian (zum Garnieren)

ZUBEREITUNGSZEIT: 25 MINUTEN
GARZEIT: 30 MINUTEN

Sauerkrautsuppe mit Fleisch

1 Das Sauerkraut in einem Sieb gut abtropfen lassen.
Die Kartoffeln schälen und in 1 cm kleine Würfel schneiden.
Die Zwiebel schälen und mit dem Speck in kleine Würfel
schneiden.

2 In einem Topf den Speck ohne Fett auslassen. Die Zwiebel kurz mitschwitzen. Die Kartoffeln dazugeben, dann die
Brühe angießen und das Sauerkraut untermischen. Die Lorbeerblätter, die Wacholderbeeren, die Pfefferkörner und den
Kümmel einrühren und die Suppe bei mittlerer Hitze etwa
25 Minuten köcheln lassen.

3 Das Fleisch waschen, trocken tupfen, von Fett und Sehnen befreien (parieren). Das Filet in Scheiben schneiden und
mit Salz und Pfeffer würzen.

4 Das Öl in einer Pfanne erhitzen und darin die Fleischschei-
ben rundherum scharf anbraten. Die Scheiben herausnehmen, in Stücke teilen und 10 Minuten vor Ende der Garzeit
zur Suppe geben.

5 Die Suppe mit Salz und Pfeffer abschmecken, auf tiefe
Teller verteilen und mit Petersilie bestreut servieren.

ZUTATEN FÜR 4 PERSONEN

350 g Sauerkraut (aus der Dose)

250 g festkochende Kartoffeln

1 Zwiebel

50 g geräucherter Bauchspeck

800 ml Gemüsebrühe (Rezept siehe Seite 15)

2 Lorbeerblätter

3 Wacholderbeeren

2 Pfefferkörner

1 TL Kümmelsamen

400 g Schweinefilet, küchenfertig

Salz · frisch gemahlener Pfeffer

2 EL Pflanzenöl · 2 EL frisch gehackte Petersilie
(zum Garnieren)

ZUBEREITUNGSZEIT: 30 MINUTEN
GARZEIT: 25 MINUTEN

Spinatsuppe
mit pochiertem Ei

ZUTATEN FÜR 4 PERSONEN

Für die Suppe:

500 g frischer Blattspinat

250 g mehligkochende Kartoffeln

1 Schalotte

1 Knoblauchzehe

2 EL Butter

1 EL Mehl

800–900 ml Gemüsebrühe
(Rezept siehe Seite 15)

Salz

frisch gemahlener Pfeffer

frisch geriebene Muskatnuss

80 ml Sahne

Für die Eier:

4 frische Eier

50 ml Essig

Für das Knoblauchbrot:

4 Scheiben Vollkornbaguette

1 geschälte Knoblauchzehe

Olivenöl

edelsüßes Paprikapulver

ZUBEREITUNGSZEIT: 40 MINUTEN
GARZEIT: 30 MINUTEN

1 Den Spinat verlesen, putzen, waschen, einige Blätter zum Garnieren beiseitelegen. Die restlichen Spinatblätter in kochendem Salzwasser sehr kurz blanchieren, sodass er zusammenfällt. Den Spinat abgießen, mit kaltem Wasser abschrecken, ausdrücken und fein hacken.

2 Die Kartoffeln schälen und in kleine Würfel schneiden. Die Schalotte und den Knoblauch schälen und fein hacken.

3 Die Butter in einem Topf zerlassen und die Schalotte sowie den Knoblauch darin glasig schwitzen. Die Kartoffeln kurz mitschwitzen, mit dem Mehl bestauben, dann die Brühe angießen. Alles gut verrühren und bei mittlerer Hitze etwa 15 Minuten köcheln lassen.

4 Die Hälfte des Spinats unter die Suppe mischen. Die Suppe kurz ziehen lassen und dann mit einem Pürierstab pürieren. Ist die Suppe noch zu dickflüssig, etwas Brühe angießen. Den restlichen Spinat untermischen und die Suppe mit Salz, Pfeffer und Muskat abschmecken. Die Sahne unterrühren.

5 Den Backofen auf 250 °C (Ober- und Unterhitze) vorheizen.

6 Für die pochierten Eier jeweils 1 Ei in eine kleine Schüssel oder Tasse aufschlagen. In einem kleinen Topf 1 Liter Wasser knapp bis zum Siedepunkt erhitzen und den Essig dazugießen.

7 Jedes Ei in das Wasser gleiten lassen und mit einem Esslöffel vorsichtig in eine runde Form bringen. Idealerweise sollte das Eigelb ganz von Eiweiß umschlossen sein. Nach etwa 4 Minuten ist das Eiweiß fest und das Eigelb noch weich. Die pochierten Eier vorsichtig mit einem Schaumlöffel aus dem Wasser heben und auf Küchenpapier abtropfen lassen.

8 Die Brotscheiben im Backofen goldbraun rösten, herausnehmen, mit Knoblauch einreiben und mit Olivenöl besträufeln. Je 1 pochiertes Ei auf 1 Brotscheibe legen und mit Paprika bestauben.

9 Die Spinatsuppe noch einmal mit Salz und Pfeffer abschmecken und in tiefen Tellern anrichten. Mit den übrigen Spinatblättern garnieren und mit 1 Eierbrot servieren.

Bunte Nudelsuppe

mit Bohnen und Kartoffeln

1 Die Nudeln in kochendem Salzwasser nach Packungsanweisung bissfest garen, abgießen, mit kaltem Wasser abschrecken und abtropfen lassen.

2 Die Butterbohnen waschen und ebenfalls in Salzwasser 6–8 Minuten bissfest garen.

3 Die Kartoffeln schälen und in kleine Würfel schneiden. Die Schalotte schälen, fein hacken.

4 In einem Topf die Butter zerlassen und die Schalotte darin glasig schwitzen. Die Kartoffeln kurz mitschwitzen, die Tomaten dazugeben und die Brühe angießen. Mit Salz, Pfeffer und nach Belieben Chiliflocken würzen und die Suppe bei mittlerer Hitze etwa 10 Minuten köcheln lassen.

5 Die Bohnen und die Nudeln in die Suppe geben und diese weitere 3–4 Minuten köcheln lassen. Wieder mit Salz und Pfeffer abschmecken und die Petersilie untermischen. Die bunte Nudelsuppe auf Suppenschalen verteilen und servieren.

ZUTATEN FÜR 4 PERSONEN

150 g Ditali

Salz

300 g Butterbohnen

250 g festkochende Kartoffeln

1 Schalotte

1 EL Butter

150 g passierte Tomaten

700 ml Gemüsebrühe (Rezept siehe Seite 15)

frisch gemahlener Pfeffer

½ TL Chiliflocken (nach Belieben)

2 EL Petersilienblättchen

ZUBEREITUNGSZEIT: 30 MINUTEN
GARZEIT: 25 MINUTEN

Grüne Suppe mit Schinkenschöberln und Kräuternocken

1 Für die Suppe die Gurke waschen und in feine Scheiben hobeln. Den Dill, die Petersilie und das Basilikum waschen, trocken tupfen und die Blättchen bzw. Spitzen abzupfen. Die Stiele und einige Blättchen sowie Spitzen beiseitelegen.

2 Die Frühlingszwiebeln putzen, waschen und in Ringe schneiden. Den grünen Teil der Frühlingszwiebelringe mit den Gurkenscheiben und den Kräuterblättchen bzw. -spitzen in einem Topf mischen.

3 In einem anderen Topf 500 ml Wasser mit etwas Salz, den hellen Zwiebelringen und den Kräuterstielen 5 Minuten kochen lassen, dann über die Gurkenscheiben und Kräuter gießen. Den Sud abkühlen lassen und im Kühlschrank zugedeckt etwa 6 Stunden oder über Nacht durchziehen lassen.

4 Den Ofen auf 200 °C (Ober- und Unterhitze) vorheizen.

5 Für die Schinkenschöberl das Brötchen entrinden, würfeln und in der Milch einweichen. Den Schinken fein hacken. Ein Ei trennen. Das Brötchen ausdrücken, mit 2 Esslöffeln Butter, dem Schinken, dem Eigelb und 1 Teelöffel Mehl vermengen. Mit Salz und Pfeffer würzen. Das Eiweiß steif schlagen und unterheben.

6 Eine Form mit der restlichen Butter einfetten. Die Masse fingerdick hineinstreichen und im Ofen etwa 15 Minuten goldgelb backen, dann herausnehmen, abkühlen lassen und in Rauten schneiden.

7 Für die Kräuternocken die restlichen Eier und das übrige Mehl mit den gehackten Kräutern glatt rühren, mit Salz und Pfeffer würzen. Mit einem Teelöffel etwas von der Masse abstechen und zu Nocken formen. Die Nocken in kochendem Salzwasser einmal aufkochen lassen, dann herausnehmen. Die restliche Masse genauso verarbeiten.

8 Den Gurkensud durch ein feines Sieb in einen Topf abgießen und gut ausdrücken. Die Suppe aufkochen, mit Salz, Pfeffer und Zucker abschmecken. Die Nocken darin erhitzen.

9 Die Suppe mit den Kräuternocken und den Schinkenschöberln auf Tellern anrichten und mit den restlichen Kräutern garniert servieren.

ZUTATEN FÜR 4 PERSONEN

Für die grüne Suppe:

1 Salatgurke · 1 Bund Dill · 1 Bund Petersilie

1 Bund Basilikum · 1 Bund Frühlingszwiebeln

1 TL Salz · frisch gemahlener Pfeffer · Zucker

Für die Einlage:

1 Brötchen (vom Vortag) · 100 ml Milch

50 g gekochter Schinken

3 Eier · 3 EL weiche Butter · 60 g Mehl

2 EL gehackte Kräuter (z. B. Petersilie, Dill, Schnittlauch)

Salz · frisch gemahlener Pfeffer

Kräuter (zum Garnieren; z. B. Petersilie, Dill, Basilikum)

ZUBEREITUNGSZEIT: 40 MINUTEN
ZIEHZEIT: 6 STUNDEN

Cremiges &
Püriertes

Sauerampfersuppe

und Frühlingskräutersuppe

ZUTATEN FÜR 4 PERSONEN

Für die Sauerampfersuppe:

200 g frischer Sauerampfer

600 ml Gemüsebrühe
(Rezept siehe Seite 15)

250 ml Sahne

100 ml trockener Weißwein

2 Knoblauchzehen

Salz · frisch gemahlener Pfeffer

1 Prise frisch geriebene
Muskatnuss

ZUBEREITUNGSZEIT: 25 MINUTEN
GARZEIT: 15 MINUTEN

Für die Frühlingskräutersuppe:

2 Scheiben Toastbrot
(vom Vortag)

4 EL Butter

1 Schalotte

1 Handvoll Bärlauch

1 Handvoll Kerbel

1 Handvoll Kresse

1 Handvoll Brennnessel

½ Bund Dill · 1 Bund Petersilie

2 EL Mehl · 850 ml Gemüsebrühe
(Rezept siehe Seite 15)

150 ml Sahne

2 EL Crème fraîche

Salz · frisch gemahlener Pfeffer

frisch geriebene Muskatnuss

ZUBEREITUNGSZEIT: 25 MINUTEN
GARZEIT: 15 MINUTEN

1 **Für die Sauerampfersuppe** (oben im Bild) den Sauerampfer waschen, trocken tupfen und grob hacken, 2 Esslöffel davon zum Garnieren beiseitelegen. Den restlichen Sauerampfer mit der Brühe und 100 ml Sahne im Mixer oder mit einem Pürierstab pürieren.

2 Die kalte Suppe in einen Topf geben und langsam aufkochen lassen. Den Weißwein angießen. Den Knoblauch schälen und durch die Presse drücken. Den Knoblauch mit etwas Salz, Pfeffer und Muskat unter die Suppe rühren. Wieder 100 ml Sahne dazugeben.

3 Die Suppe 10 Minuten leise köcheln lassen, nochmals mit Salz, Pfeffer und Muskat abschmecken, dann auf tiefe Teller verteilen. Die restliche Sahne halbsteif schlagen, in die Suppe rühren. Die Sauerampfersuppe mit dem übrigen Sauerampfer bestreut servieren.

1 **Für die Frühlingskräutersuppe** (unten im Bild) die Toastbrotscheiben in Würfel schneiden. In einer Pfanne 2 Esslöffel Butter erhitzen und die Brotwürfel darin goldbraun anbraten. Anschließend auf Küchenpapier abtropfen lassen.

2 Die Schalotte schälen und hacken. Den Bärlauch, den Kerbel, die Kresse, die Brennnesseln, den Dill und die Petersilie waschen und trocken tupfen. Einige Dillspitzen und Petersilienblätter für die Garnitur beiseitelegen. Den Rest mit den Stielen grob hacken.

3 In einer Pfanne die restliche Butter erhitzen. Die Schalotte darin anschwitzen und die Hälfte der Kräuter zugeben. Kurz mit anschwitzen, dann mit Mehl bestauben. Die Kräuter mit der Brühe ablöschen. Alles gut verrühren und etwa 10 Minuten köcheln lassen.

4 Die Sahne, die Crème fraîche und die restlichen Kräuter unterrühren, dann die Suppe mit einem Pürierstab fein pürieren.

5 Die Frühlingskräutersuppe mit Salz, Pfeffer und Muskat abschmecken und mit Dill, Petersilie sowie den Brotwürfeln garniert servieren.

Kohlrabicremesuppe
mit Bärlauch

ZUTATEN FÜR 4 PERSONEN

Für die Suppe:

600 g Kohlrabi · 150 g mehligkochende Kartoffeln

1 Schalotte · 3 EL Butter · 800 ml Gemüsebrühe
(Rezept siehe Seite 15)

Salz · frisch gemahlener Pfeffer · 150 ml Sahne

Für die Gemüseeinlage:

Salz · 2 festkochende Kartoffeln

1 rote Paprikaschote

Für das Bärlauchpesto:

1 Handvoll Bärlauch · 2 EL Pinienkerne

100 ml Olivenöl · 2 EL Hartkäse, frisch gerieben

Salz · frisch gemahlener Pfeffer

Weißbrot, geröstet (nach Belieben zum Servieren)

ZUBEREITUNGSZEIT: 40 MINUTEN
GARZEIT: 30 MINUTEN

1 Für die Suppe die Kohlrabi und die Kartoffeln schälen und würfeln. Die Schalotte schälen und fein würfeln.

2 In einem Topf die Butter zerlassen und die Schalotte darin glasig andünsten. Die Kohlrabi und die Kartoffeln dazugeben, kurz mitschwitzen und mit der Gemüsebrühe aufgießen.

3 Die Suppe mit Salz und Pfeffer abschmecken und bei mittlerer Hitze 15–20 Minuten köcheln, bis das Gemüse weich ist.

4 Für die Gemüseeinlage etwas Salzwasser zum Kochen bringen. Die Kartoffeln schälen, in kleine Würfel schneiden und im kochenden Salzwasser etwa 10 Minuten garen. Dann abgießen, kurz mit kaltem Wasser abschrecken und abtropfen lassen. Die Paprikaschote halbieren, Samen und Scheidewände entfernen, waschen, fein würfeln und beiseitestellen.

5 Für das Pesto den Bärlauch waschen, trocken tupfen und grob in Streifen schneiden, einige Streifen zum Garnieren beiseitelegen. Die Pinienkerne in einer Pfanne ohne Fett goldbraun rosten und abkuhlen lassen.

6 Den Bärlauch mit den Pinienkernen und dem Olivenöl in einen hohen Becher geben und mit dem Pürierstab zu einem sämigen Pesto verarbeiten. Den Käse untermischen. Das Pesto mit Salz und Pfeffer kräftig abschmecken.

7 Die Kohlrabisuppe mit einem Pürierstab fein pürieren, die Sahne einrühren, gegebenenfalls noch einmal mit Salz und Pfeffer abschmecken und mit dem Pürierstab aufschäumen.

8 Die Kartoffelwürfel und die Paprikawürfel in die Suppe geben und darin erwärmen. Die Suppe in Suppenschalen fülllen, etwas Pesto darüberträufeln und mit den Bärlauchstreifen bestreuen. Die Kohlrabisuppe nach Belieben mit frisch geröstetem Weißbrot servieren.

Brokkolisuppe

1 Die Brokkoliröschen waschen. Die Zwiebel sowie den Knoblauch schälen und würfeln.

2 Das Öl in einem Topf erhitzen und die Zwiebel mit dem Knoblauch darin glasig schwitzen. Den Brokkoli dazugeben und etwa 5 Minuten mitschwitzen.

3 Die Brühe angießen und den Brokkoli etwa 10 Minuten weich kochen. Die Milch unterrühren, alles aufkochen lassen und anschließend mit einem Pürierstab pürieren.

4 Die Crème fraîche unterrühren und die Suppe mit Salz und Pfeffer abschmecken. Falls verwendet, die Chilischote waschen, Samen und Scheidewände entfernen und die Schote fein würfeln.

5 Die Brokkolisuppe in zwei Suppenschalen füllen und mit Chili garnieren. Dazu nach Belieben Weißbrot reichen.

ZUTATEN FÜR 2 PERSONEN

250 g Brokkoliröschen

1 Zwiebel

1 Knoblauchzehe

1 TL Sonnenblumenöl

300 ml Gemüsebrühe (Rezept siehe Seite 15)

100 ml Milch

1 EL Crème fraîche

Salz

frisch gemahlener Pfeffer

1 kleine rote Chilischote (nach Belieben zum Garnieren)

Weißbrot (nach Belieben zum Servieren)

ZUBEREITUNGSZEIT: 30 MINUTEN
GARZEIT: 10 MINUTEN

Zucchinicremesuppe

ZUTATEN FÜR 4 PERSONEN

2 Zucchini

1 Zwiebel

2 Knoblauchzehen

200 g mehligkochende Kartoffeln

1 EL Olivenöl

100 ml Weißwein

700 ml Gemüsebrühe (Rezept siehe Seite 15)

Salz

frisch gemahlener Pfeffer

frisch geriebene Muskatnuss

ZUBEREITUNGSZEIT: 30 MINUTEN
GARZEIT: 25 MINUTEN

1 Die Zucchini putzen, waschen und klein würfeln. Die Zwiebel und die Knoblauchzehen schälen und fein würfeln. Die Kartoffeln schälen und ebenfalls klein würfeln.

2 Das Öl in einem Topf erhitzen und die Zwiebel und den Knoblauch anschwitzen. Die Zucchini und die Kartoffeln dazugeben, kurz mitschwitzen.

3 Das Gemüse mit dem Weißwein ablöschen und die Brühe angießen. Alles etwa 20 Minuten leise köcheln lassen.

4 Die Suppe mit einem Pürierstab pürieren, mit Salz, Pfeffer und Muskat abschmecken und nach Belieben in Einmachgläser gefüllt servieren.

TIPP

Das Abfüllen in Einmachgläser ist sehr praktisch, wenn Sie die Suppe z. B. für ein Picknick mitnehmen wollen. So können Sie die Suppe problemlos transportieren.

Kartoffelcremesuppe

mit Steinpilzen

ZUTATEN FÜR 4 PERSONEN

20 g getrocknete Steinpilze

600 g mehligkochende Kartoffeln

1 Zwiebel

2 EL Butter

½ TL getrockneter Majoran

750 ml Gemüsebrühe
(Rezept siehe Seite 15)

4 getrocknete, in Öl eingelegte
Tomaten (zum Garnieren)

½ Bund Schnittlauch
(zum Garnieren)

150 g Sahne

Salz

frisch gemahlener Pfeffer

Weißbrot (zum Servieren)

ZUBEREITUNGSZEIT: 30 MINUTEN
EINWEICHZEIT: 30 MINUTEN
GARZEIT: 25 MINUTEN

1 Die Steinpilze mit 125 ml kochendem Wasser übergießen und 30 Minuten einweichen.

2 Die Kartoffeln schälen, waschen und in Stücke schneiden. Die Zwiebel schälen und fein würfeln.

3 Die Steinpilze in ein Sieb abgießen. Das Pilzwasser in einer Schüssel auffangen und die Pilze fein hacken.

4 Die Butter in einem Topf zerlassen und die Zwiebel darin 5 Minuten anschwitzen. Die Kartoffeln, die Steinpilze und den Majoran dazugeben, mit dem Pilzwasser und der Brühe aufgießen. Alles aufkochen, Deckel auflegen und die Suppe bei niedriger Hitze 20 Minuten garen.

5 In der Zwischenzeit die Tomaten sehr klein würfeln. Den Schnittlauch waschen, trocken tupfen und in feine Röllchen schneiden. Die Kartoffel-Steinpilz-Mischung mit dem Pürierstab zu einer glatten Masse mixen oder mit einem Stampfer zu einem Püree verarbeiten. Die Sahne einrühren, kurz aufkochen lassen. Die Suppe mit Salz und Pfeffer abschmecken.

6 Die heiße Suppe in tiefe Teller oder Suppenschalen geben und mit den Tomatenwürfeln und den Schnittlauchröllchen bestreut servieren. Dazu passt frisches oder geröstetes Weißbrot.

Kartoffelschaumsuppe

mit Kräuterseitlingen

ZUTATEN FÜR 4 PERSONEN

450 g mehligkochende Kartoffeln

200 g Kräuterseitlinge

1 Schalotte · 2 Knoblauchzehen

4 EL Olivenöl

1 TL frisch gehackter Rosmarin

1 TL frisch gehackte Petersilie

200 ml trockener Weißwein

450 ml Gemüsebrühe (Rezept siehe Seite 15)

150 ml Sahne

Salz · frisch gemahlener Pfeffer

frisch geriebene Muskatnuss

4 Stängel Thymian · 4 Scheiben Weißbrot

ZUBEREITUNGSZEIT: 30 MINUTEN
GARZEIT: 20 MINUTEN

1 Die Kartoffeln schälen, waschen und in kleine Würfel schneiden. Die Pilze putzen, 4 Pilze in schmale Scheiben schneiden, die restlichen klein würfeln. Die Schalotte und den Knoblauch schälen und fein hacken.

2 In einem Topf 2 Esslöffel Öl erhitzen und darin die Hälfte der Schalotte und des Knoblauchs glasig schwitzen. Die Kartoffeln und die Pilzwürfel kurz mitschwitzen. Den Rosmarin und die Petersilie untermischen. Alles mit dem Wein ablöschen, die Brühe angießen und bei mittlerer Hitze etwa 15 Minuten köcheln lassen.

3 Die Sahne unterrühren und die Suppe mit einem Pürierstab pürieren. Die Suppe mit Salz, Pfeffer und Muskat abschmecken.

4 Den Thymian waschen und trocken tupfen, die Blättchen abzupfen. In einer Pfanne das restliche Öl erhitzen und darin die übrige Schalotte und den restlichen Knoblauch glasig schwitzen. Die Pilzscheiben dazugeben und von beiden Seiten goldbraun braten. Die Hälfte des Thymians untermischen.

5 Das Brot entrinden, in 2 cm schmale Streifen schneiden und in einer Grillpfanne von beiden Seiten goldbraun rösten. Die Pilzscheiben auf den gerösteten Brotstreifen verteilen.

6 Die Suppe noch einmal mit dem Pürierstab aufschäumen, in Suppenschalen füllen, mit dem restlichen Thymian garnieren und mit den Pilzbroten servieren.

Radieschensuppe
mit Gänseblümchen

1 Die Buttermilch und den Zitronensaft mit dem Joghurt und der Milch mischen.

2 Den Meerrettich einrühren und die Mischung mit einem Pürierstab aufmixen. Mit Salz, Pfeffer und etwas Muskat abschmecken.

3 Die Radieschen putzen, waschen und in feine Stifte schneiden oder raspeln. Die Hälfte der Radieschenraspel unter die Suppe mischen. Die Suppe noch einmal aufmixen und die restlichen Raspel untermischen.

4 Die Radieschensuppe auf Suppenschalen verteilen und je 1–2 Esslöffel Gänseblümchen oder Kräuterblättchen daraufgeben. Nach Belieben geröstetes Brot zur Suppe reichen.

ZUTATEN FÜR 4 PERSONEN

250 ml Buttermilch

3–4 EL Zitronensaft

200 g Naturjoghurt

100 ml Milch

1 EL geriebener Meerrettich

Salz

frisch gemahlener Pfeffer

1 Msp. frisch geriebene Muskatnuss

1 Bund Radieschen

50 g Gänseblümchen, ersatzweise frische Kräuter nach Belieben (z. B. Schnittlauch, Petersilie)

Weißbrot, geröstet (nach Belieben zum Servieren)

ZUBEREITUNGSZEIT: 30 MINUTEN

Bärlauchsuppe
mit Räucherforelle

ZUTATEN FÜR 4 PERSONEN

2 Handvoll Bärlauch

2 Stängel frischer Oregano

1 Zwiebel

150 g Knollensellerie

300 g mehligkochende Kartoffeln

1 Knoblauchzehe

3 EL Butter · 2 EL Mehl

100 ml trockener Weißwein

etwa 600 ml Gemüsebrühe
(Rezept siehe Seite 15)

200 ml Sahne (mindestens
30 % Fett)

2–3 EL Sauerrahm

Salz

frisch gemahlener weißer Pfeffer

frisch geriebene Muskatnuss

2 Scheiben Weißbrot

2 Räucherforellenfilets

ZUBEREITUNGSZEIT: 25 MINUTEN
GARZEIT: 35 MINUTEN

1 Den Bärlauch waschen, gut abtropfen lassen, grob hacken und etwa die Hälfte als Suppeneinlage beiseitelegen. Den Oregano waschen, trocken tupfen und die Blättchen abzupfen. Die Zwiebel, den Sellerie, die Kartoffeln und den Knoblauch schälen und fein würfeln.

2 In einem Topf 2 Esslöffel Butter erhitzen und darin die Zwiebel und den Knoblauch glasig anschwitzen. Dann den Sellerie und die Kartoffeln mitschwitzen, anschließend alles mit dem Mehl bestauben. Das Gemüse nochmals leicht anschwitzen, dann mit dem Weißwein sowie der Brühe ablöschen. Den Sud unter gelegentlichem Rühren etwa 20 Minuten leise köcheln lassen.

3 Die Sahne, den Bärlauch und den Oregano unter die Suppe rühren. Alles mit einem Pürierstab fein pürieren, anschließend durch ein Sieb streichen. Sollte die Suppe zu dickflüssig sein, noch etwas Brühe dazugeben. Ist sie zu dünn, die Flüssigkeit noch einige Minuten einköcheln lassen. Den Sauerrahm unterrühren und die Suppe mit Salz, Pfeffer und Muskat abschmecken.

4 Das Weißbrot entrinden und in Würfel schneiden. In einer Pfanne die restliche Butter zerlassen und die Brotwürfel darin goldbraun braten.

5 Die Forellenfilets in Stücke zupfen und auf Suppenschüsseln verteilen. Den restlichen Bärlauch darüberstreuen, dann die Suppe aufgießen. Die Bärlauchsuppe mit Brotwürfeln bestreuen und servieren.

Fränkische Kartoffelsuppe

mit Zwetschgenplotz

ZUTATEN FÜR 4 PERSONEN

Für die Kartoffelsuppe:

500 g Kartoffeln · 2 Karotten

½ Knolle Sellerie · 1 Kohlrabi

20 g Butter

900 ml Gemüsebrühe
(Rezept siehe Seite 15)

150 ml Sahne (mindestens
30% Fett)

Salz · frisch gemahlener Pfeffer

frisch geriebene Muskatnuss

1 Zwiebel · 2 EL Sonnenblumenöl

1 EL Thymianblättchen
(zum Garnieren)

ZUBEREITUNGSZEIT: 30 MINUTEN
GARZEIT: 40 MINUTEN

Für den Zwetschgenplotz:

2 kg Zwetschgen

½ Würfel frische Hefe (21 g)

150 ml lauwarme Milch

350 g Mehl · 75 g Zucker · 1 Ei

1 Eigelb · 1 Prise Salz · 2 cl Rum

70 g weiche Butter · Mehl (zum
Arbeiten)

Für die Streusel:

1 TL Zimt · 150 g Zucker

200 g Mehl

50 g gemahlene Mandeln

etwa 150 g weiche Butter

50 g Biskuitbrösel

ZUBEREITUNGSZEIT: 30 MINUTEN
RUHEZEIT: 1 STUNDE 10 MINUTEN
BACKZEIT: 40 MINUTEN

1 **Für die Kartoffelsuppe** die Kartoffeln, die Karotten, den Sellerie und den Kohlrabi schälen und in Würfel schneiden.

2 In einem Topf die Butter zerlassen und das Gemüse 3–4 Minuten anschwitzen. Das Gemüse mit der Brühe aufgießen und 20 Minuten köcheln lassen. Dann das Gemüse mit einem Pürierstab pürieren, durch ein feines Haarsieb passieren und erneut aufkochen lassen. Die Sahne unterrühren und mit Salz, Pfeffer und Muskat abschmecken.

3 Die Zwiebel schälen und fein würfeln. Das Öl in einer Pfanne erhitzen und darin die Zwiebel goldgelb anschwitzen. Die Suppe auf 4 vorgewärmte Suppentassen verteilen und mit der gebratenen Zwiebel und dem Thymian garniert servieren. Den Zwetschgenplotz dazu reichen.

1 **Für den Zwetschgenplotz** die Zwetschgen waschen, halbieren und entsteinen.

2 Für den Teig die Hefe in der Milch auflösen. Das Mehl in eine Schüssel sieben, in die Mitte eine Mulde drücken und die Hefemilch, den Zucker, das Ei, das Eigelb, das Salz, den Rum und die weiche Butter hineingeben. Alles zu einem geschmeidigen Teig verarbeiten. Diesen zu einer Kugel formen, mit Mehl bestauben und an einem warmen Ort etwa 1 Stunde auf das Doppelte seines Volumens gehen lassen.

3 Für die Streusel den Zimt, den Zucker, das Mehl und die Mandeln in einer Schüssel mischen. Die weiche Butter, bis auf etwas Butter zum Einfetten, dazugeben. Die Zutaten immer wieder zwischen beiden Händen reiben, bis bröselige Teigkrümel entstehen. Die Streusel zugedeckt im Kühlschrank kalt stellen.

4 Den Backofen auf 180 °C Umluft vorheizen.

5 Das Backblech mit Butter einfetten. Den Teig auf einer bemehlten Arbeitsfläche noch einmal durchkneten und weitere 10 Minuten gehen lassen. Anschließend den Teig etwas größer als das Backblech ausrollen und auf das Blech legen. Einen Rand hochziehen und den Boden mehrmals mit einer Gabel einstechen. Den Boden mit den Biskuitbröseln bestreuen.

6 Die Zwetschgen dachziegelartig mit der Schnittseite nach oben auf dem Teig auslegen, mit den Streuseln bestreuen und im Ofen 35–40 Minuten backen. Den Zwetschgenplotz herausnehmen und in Stücke geschnitten noch lauwarm zur Suppe servieren.

Kürbissuppe

ZUTATEN FÜR 4 PERSONEN

400 g Kürbis (z. B. Muskat, Hokkaido)

200 g Karotten

1 Stück frischer Ingwer (etwa 1 ½ cm)

1 Zwiebel

2 EL Olivenöl

800 ml Gemüsebrühe (bei Bedarf mehr; Rezept siehe Seite 15)

Salz

Cayennepfeffer

1–2 TL Currypulver

3 EL Kürbiskerne (zum Garnieren)

2 EL Kürbiskernöl

ZUBEREITUNGSZEIT: 30 MINUTEN
GARZEIT: 30 MINUTEN

1 Den Kürbis schälen, halbieren, die Kerne entfernen und in Würfel schneiden. Die Karotten, den Ingwer und die Zwiebel ebenfalls schälen und in kleine Würfel schneiden.

2 In einem Topf das Öl erhitzen und die Zwiebel darin glasig schwitzen. Die Karotten, den Kürbis und den Ingwer dazugeben, kurz mitschwitzen, dann die Brühe angießen. Alles bei mittlerer Hitze etwa 25 Minuten köcheln lassen. Von den Kürbiswürfeln 6 Esslöffel herausnehmen, den Rest mit einem Pürierstab fein pürieren.

3 Die Suppe mit Salz, Cayennepfeffer und Curry abschmecken. Ist die Suppe noch zu dickflüssig, etwas Brühe angießen. Die Kürbiskerne in einer Pfanne ohne Fett rösten.

4 Die beiseitegelegten Kürbiswürfel wieder in die Suppe geben. Die Suppe noch einmal mit Salz und Cayennepfeffer abschmecken und auf Suppenteller verteilen. Die Kürbissuppe mit Kürbiskernöl beträufeln und mit Kürbiskernen garniert servieren.

Fischcremesuppe

mit Sahne

ZUTATEN FÜR 4 PERSONEN

500 g weißes Fischfilet
(z. B. Kabeljau, Steinbeißer,
Seeteufel, Seelachs)

250 g mehligkochende Kartoffeln

1 Zwiebel

1 Knoblauchzehe

1 kleine Knolle Fenchel

2 EL Olivenöl

200 ml trockener Weißwein

etwa 500 ml Fischfond
(bei Bedarf mehr;
Rezept siehe Seite 22)

Salz

frisch gemahlener Pfeffer

etwas Zitronensaft

150 ml Sahne

2 cl Wermut oder 1 EL Zitronensaft (nach Belieben)

ZUBEREITUNGSZEIT: 30 MINUTEN
GARZEIT: 25 MINUTEN

1 Den Fisch waschen, trocken tupfen und klein würfeln. Die Kartoffeln schälen und in kleine Würfel schneiden.

2 Die Zwiebel und den Knoblauch schälen und fein hacken. Den Fenchel putzen, das Grün beiseitelegen. Die Knolle waschen und halbieren. Den harten Strunk entfernen und den Fenchel ebenfalls fein würfeln.

3 In einem Topf das Öl erhitzen und die Zwiebel mit dem Knoblauch glasig schwitzen. Die Kartoffel- und die Fenchelwürfel kurz mitschwitzen, dann die Hälfte der Fischwürfel untermischen.

4 Alles mit dem Weißwein ablöschen, den Fond angießen und bei mittlerer Hitze etwa 15 Minuten köcheln lassen. Die Suppe mit einem Pürierstab pürieren, mit Salz, Pfeffer und 1 Spritzer Zitronensaft abschmecken. Die restlichen Fischwürfel in die Suppe geben und gar ziehen lassen.

5 Die Sahne steif schlagen und nach Belieben den Wermut oder den Zitronensaft untermischen. Das Fenchelgrün fein hacken. Die Sahne locker unter die Suppe rühren.

6 Die Fischcremesuppe nochmals mit Salz, Pfeffer und Zitronensaft abschmecken, mit Fenchelgrün bestreuen und servieren.

Rieslingsuppe
mit Zanderklößchen

1 Das Fischfilet waschen, trocken tupfen und in kleine Würfel schneiden. Die Fischwürfel mit dem Eiweiß, Salz, Pfeffer und Muskat mischen. Die Mischung im Kühlschrank gut durchkühlen lassen.

2 Die Schalotte schälen und fein hacken. In einem Topf die Butter zerlassen und die Schalotte darin glasig anschwitzen. Die Schalotte mit dem Riesling ablöschen, den Fond angießen, dann mit Salz und Pfeffer würzen. Den Sud bei mittlerer Hitze etwa 20 Minuten köcheln lassen.

3 Die Sahne und die Crème fraîche unterrühren und die Suppe nochmals mit Salz und Zitronensaft abschmecken, dann ziehen lassen.

4 In der Zwischenzeit die Fischwürfelmischung in der Küchenmaschine zu einer feinen Farce pürieren, dabei nach und nach die Sahne dazugießen.

5 In einem Topf Wasser aufkochen. Mit 2 Teelöffeln aus der Fischfarce kleine Nocken abstechen und diese im siedenden Wasser bei niedriger Hitze 5–8 Minuten ziehen lassen.

6 Die Suppe mit einem Pürierstab noch einmal aufschäumen und in vorgewärmte tiefe Teller füllen. In jeden Teller einige Zanderklößchen legen und die Rieslingsuppe mit Kerbelblättchen garniert servieren.

ZUTATEN FÜR 4 PERSONEN

150 g Zanderfilet, küchenfertig und ohne Haut

1 Eiweiß

Salz · frisch gemahlener Pfeffer

frisch geriebene Muskatnuss

1 Schalotte · 1 EL Butter

200 ml Riesling

500 ml Fischfond (Rezept siehe Seite 22)

100 ml Sahne (mindestens 30 % Fett)

2 EL Crème fraîche

1 Spritzer Zitronensaft

50 ml Sahne (mindestens 30 % Fett, für die Farce)

Kerbelblättchen (zum Garnieren)

ZUBEREITUNGSZEIT: 30 MINUTEN
GARZEIT: 25 MINUTEN

Spargelcremesuppe

1 Das untere Drittel vom grünen Spargel schälen, den weißen Spargel ganz schälen. Die Spargelschalen in einen Topf geben, mit Wasser bedecken und etwa 10 Minuten zugedeckt leise köcheln lassen. Den Sud durch ein Sieb in einen Topf abgießen und erhitzen.

2 Den weißen Spargel und den grünen Spargel in 2–3 cm lange Stücke schneiden und in dem heißen Sud etwa 10 Minuten ziehen lassen. Den Spargel herausnehmen, abtropfen lassen. So viel Gemüsebrühe zum Spargelsud gießen, dass es 800 ml ergibt.

3 Die Butter in einem Topf zerlassen und das Mehl einstreuen. Das Mehl leicht anschwitzen und mit dem Wein ablöschen. Den Spargelsud angießen, alles gut verrühren, damit sich keine Klumpen bilden und bei mittlerer Hitze etwa 10 Minuten köcheln lassen.

4 Am Ende der Kochzeit das Eigelb mit 3 Esslöffeln Sahne verquirlen und in die nicht mehr kochende Suppe rühren. Die Suppe mit Salz und Muskat abschmecken.

5 Die Spargelstücke in die Suppe legen und kurz erwärmen lassen. Die Spargelcremesuppe auf tiefe Teller verteilen und servieren.

ZUTATEN FÜR 4 PERSONEN

jeweils 250 g grüner und weißer Spargel

Gemüsebrühe (zum Auffüllen; Rezept siehe Seite 15)

2 EL Butter · 2 EL Mehl

100 ml trockener Weißwein

1 Eigelb · 3 EL Sahne

Salz · frisch geriebene Muskatnuss

ZUBEREITUNGSZEIT: 40 MINUTEN
GARZEIT: 30 MINUTEN

TIPP

Servieren Sie zu der Spargelcremesuppe ein Gorgonzolabaguette. Dazu 1 Baguette in Scheiben schneiden und im vorgeheizten Ofen (250 °C Ober- und Unterhitze) von beiden Seiten rösten, herausnehmen und abkühlen lassen. Dann 200 g Gorgonzola in Scheiben schneiden, das Baguette damit belegen und mit frischen Rosmarinzweigen garnieren.

Lauchcremesuppe

ZUTATEN FÜR 4 PERSONEN

2 Stangen Lauch

250–300 g mehligkochende
Kartoffeln

250 g Knollensellerie

2 EL Butter

800 ml Gemüsebrühe
(Rezept siehe Seite 15)

Salz

frisch gemahlener Pfeffer

frisch geriebene Muskatnuss

frisches Bauernbrot
(nach Belieben zum Servieren)

ZUBEREITUNGSZEIT: 30 MINUTEN
GARZEIT: 25 MINUTEN

1 Den Lauch putzen, der Länge nach einschneiden, waschen und in schmale Ringe schneiden. Die Kartoffeln und den Sellerie schälen, waschen und in kleine Würfel schneiden.

2 In einem Topf die Butter erhitzen und die Kartoffel- und die Selleriewürfel mit der Hälfte des Lauchs anschwitzen. Die Gemüsebrühe angießen und das Gemüse bei mittlerer Hitze 15–20 Minuten köcheln lassen.

3 Das Gemüse mit einem Pürierstab pürieren. Ist die Suppe zu dickflüssig, noch etwas Brühe angießen. Ist sie zu dünn, noch etwas einköcheln lassen.

4 Die Suppe mit Salz, Pfeffer und Muskat abschmecken, den restlichen Lauch untermischen und 5–8 Minuten ziehen lassen. Die Lauchcremesuppe in Suppentassen anrichten und nach Belieben mit frischem Bauernbrot servieren.

TIPP

Wie die meisten Suppen können Sie auch diese Lauchcremesuppe gut einfrieren. Suppen mit Sahne sind weniger zum Einfrieren geeignet, solche Suppen können nach dem Auftauen flockig aussehen.

Kastaniensuppe

ZUTATEN FÜR 4 PERSONEN

400 g Esskastanien (Maroni)

2 Schalotten

1 Knoblauchzehe

200 g Knollensellerie

1 Petersilienwurzel

1 EL Butter

etwa 600 ml Geflügelbrühe
(Rezept siehe Seite 14)

150 ml trockener Rotwein

2 EL Crème fraîche

Salz

frisch gemahlener Pfeffer

frisch geriebene Muskatnuss

4 EL Sahne (zum Garnieren)

2 EL Olivenöl (zum Beträufeln)

2 EL Thymianblättchen
(zum Garnieren)

ZUBEREITUNGSZEIT: 35 MINUTEN
GARZEIT: 1 STUNDE

1 Den Backofen auf 220 °C (Ober- und Unterhitze) vorheizen.

2 Die Esskastanien kreuzweise einschneiden und im Backofen etwa 30 Minuten rösten, bis die Schale aufplatzt und die Kastanien gar sind. Die Kastanien herausnehmen, abkühlen lassen, schälen und grob hacken.

3 Die Schalotten, den Knoblauch, den Sellerie und die Petersilienwurzel schälen und fein würfeln. In einem Topf die Butter erhitzen und darin die Schalotten und den Knoblauch anschwitzen. Den Sellerie und die Petersilienwurzel dazugeben und goldbraun anbraten.

4 Die Kastanien zum Gemüse geben, kurz mitbraten, anschließend mit der Brühe und dem Rotwein ablöschen. Die Suppe 20–25 Minuten leise köcheln lassen.

5 Die Suppe fein pürieren und die Crème fraîche unterrühren. Ist die Suppe zu dickflüssig, noch etwas Brühe zugeben. Mit Salz, Pfeffer und Muskat abschmecken.

6 Die Sahne steif schlagen. Die Suppe auf tiefe Teller verteilen, mit einem Klecks Sahne garnieren und mit etwas Olivenöl beträufeln. Die Kastaniensuppe mit Thymianblättchen bestreut servieren.

Cremige Maissuppe

ZUTATEN FÜR 4 PERSONEN

100 g durchwachsener Speck

1 EL Olivenöl · 1 Zwiebel · 1 Knoblauchzehe

250 g Mais (aus der Dose)

300 g mehligkochende Kartoffeln

etwa 700 ml Gemüsebrühe (Rezept siehe
Seite 15) · 100 ml trockener Weißwein

1 rote Paprikaschote · ¼ Bund Schnittlauch

Salz · frisch gemahlener Pfeffer

frisch geriebene Muskatnuss

ZUBEREITUNGSZEIT: 30 MINUTEN
GARZEIT: 25 MINUTEN

1 Den Speck in Streifen schneiden. In einem Topf das Öl erhitzen und den Speck darin knusprig braten.

2 Die Zwiebel und den Knoblauch schälen. Den Speck aus dem Topf nehmen, auf Küchenpapier abtropfen lassen. Die Zwiebel mit dem Knoblauch in dem Speckfett glasig schwitzen.

3 Den Mais in einem Sieb abtropfen lassen, einige Körner zum Garnieren beiseitestellen. Die Kartoffeln schälen, waschen und klein würfeln. Die Kartoffeln mit zwei Dritteln vom Mais zu der Zwiebelmischung geben, kurz mitschwitzen. Dann die Brühe und den Wein dazugießen. Alles bei mittlerer Hitze etwa 15 Minuten köcheln lassen.

4 Die Paprika waschen, halbieren, von Samen und Scheidewänden befreien und die Schote in kleine Würfel schneiden. Den Schnittlauch waschen, trocken tupfen und in Röllchen schneiden.

5 Die Suppe mit einem Pürierstab pürieren, dann mit Salz, Pfeffer und Muskat abschmecken. Ist die Suppe zu dickflüssig, noch etwas Brühe dazugießen. Ist sie zu dünn, die Suppe noch etwas einköcheln lassen, bis sie die gewünschte Konsistenz erreicht hat.

6 Den Speck und die Paprika in die Suppe geben, kurz ziehen lassen. Die Schnittlauchröllchen einrühren, die beiseitegestellten Maiskörner darüberstreuen und die Maissuppe in Suppenschälchen angerichtet servieren.

TIPP

Möchten Sie frischen Zuckermais verwenden, kochen Sie ihn in Wasser mit etwas Butter und einem Schuss Milch für etwa 10 Minuten und geben ihn vor dem Pürieren in die Suppe.

Kürbis-Kartoffel-Suppe
mit Kürbiskernen

1 Den Kürbis halbieren, schälen, die Kerne entfernen und das Fruchtfleisch würfeln. Es sollte etwa 500 g Kürbisfruchtfleisch ergeben.

2 Die Kartoffeln schälen und würfeln. Die Zwiebel und den Knoblauch schälen und fein hacken.

3 In einem Topf 2 Esslöffel Butter zerlassen und die Zwiebel und den Knoblauch darin glasig anschwitzen. Dann die Kürbis- und Kartoffelwürfel hineingeben und kurz mitschwitzen. Die Brühe angießen und alles 25–30 Minuten leise köcheln lassen.

4 Die Suppe mit einem Pürierstab fein pürieren und mit Salz, Pfeffer und Koriander abschmecken. In einer Pfanne die restliche Butter zerlassen und darin die Kürbiskerne anbraten.

5 Die Sahne steif schlagen. Die Kürbis-Kartoffel-Suppe auf tiefe Teller verteilen. In jeden Teller etwas Sahne locker einrühren. Die Kürbis-Kartoffel-Suppe mit Kürbiskernen, Petersilien- und Thymianblättchen garniert servieren.

ZUTATEN FÜR 4 PERSONEN

etwa 700 g Kürbis (z. B. vom Hokkaido- oder Muskatkürbis)

200 g mehligkochende Kartoffeln

1 Zwiebel · 1 Knoblauchzehe

4 EL Butter

1 l Gemüsebrühe (Rezept siehe Seite 15)

Salz · frisch gemahlener Pfeffer

gemahlener Koriander

6 EL Kürbiskerne (zum Garnieren)

4 EL Sahne

Petersilienblättchen (zum Garnieren)

Thymianblättchen (zum Garnieren)

ZUBEREITUNGSZEIT: 40 MINUTEN
GARZEIT: 30 MINUTEN

Steckrübensuppe
mit Knödeln

ZUTATEN FÜR 4 PERSONEN

Für die Suppe:

500 g Steckrüben

1 Zwiebel

200 g mehligkochende Kartoffeln

2 EL Butter

1 l Gemüsebrühe
(Rezept siehe Seite 15)

Salz

frisch gemahlener Pfeffer

frisch geriebene Muskatnuss

Für die Knödel:

400 g Knödelbrot

160 ml Milch

1 Zwiebel

½ Bund Majoran

1–2 EL Butter

Salz

frisch gemahlener Pfeffer

frisch geriebene Muskatnuss

2 Eier

Semmelbrösel (nach Bedarf)

3 EL Schnittlauchröllchen
(zum Garnieren)

ZUBEREITUNGSZEIT: 40 MINUTEN
GARZEIT: 45 MINUTEN

1 Die Steckrüben, die Zwiebel und die Kartoffeln schälen, waschen und in kleine Würfel schneiden.

2 In einem Topf die Butter zerlassen und die Zwiebel darin glasig schwitzen. Die Kartoffeln und die Steckrüben kurz mitschwitzen, mit der Brühe ablöschen und bei mittlerer Hitze 20–25 Minuten köcheln lassen.

3 Für die Knödel das Knödelbrot in eine große Schüssel geben. Die Milch aufkochen lassen und über das Brot gießen. Das Brot etwa 15 Minuten ziehen lassen.

4 Die Zwiebel schälen und fein würfeln. Den Majoran waschen, trocken tupfen, die Blättchen abzupfen und fein hacken. Die Butter in einem kleinen Topf zerlassen und darin die Zwiebel glasig anschwitzen. Den Topf vom Herd nehmen und den Majoran untermengen.

5 Die Zwiebelmischung zum Knödelbrot geben. Das Knödelbrot mit Salz, Pfeffer und Muskat würzen. Die Eier dazuschlagen und mit den Händen alles gut verkneten. Falls nötig, ein wenig Semmelbrösel dazugeben, damit die Knödelmasse gut formbar wird und nicht klebrig ist.

6 Einen großen Topt mit Salzwasser aufkochen lassen. Die Hände anfeuchten und aus der Masse Knödel formen. Die Knödel vorsichtig in das sprudelnd kochende Wasser geben. Die Temperatur reduzieren und die Knödel etwa 20 Minuten im siedenden Wasser gar ziehen lassen. Die Knödel herausnehmen und gut abtropfen lassen.

7 Die Suppe mit einem Pürierstab pürieren. Ist sie zu dickflüssig, noch etwas Brühe dazugießen, bis die gewünschte Konsistenz erreicht ist.

8 Die Suppe mit Salz, Pfeffer und Muskat abschmecken und mit den Knödeln auf tiefe Teller verteilen. Die Steckrübensuppe mit Schnittlauchröllchen bestreut servieren.

Apfel-Sellerie-Cremesuppe

mit Speckstreifen

ZUTATEN FÜR 4 PERSONEN

3 reife Äpfel

1 große Knolle Sellerie

1 Schalotte

2 Knoblauchzehen

2 Scheiben Roggenbrot

10 Scheiben Speck

1 EL Pflanzenöl

150 ml Weißwein

700 ml Gemüsebrühe (Rezept siehe Seite 15)

Salz

frisch gemahlener Pfeffer

frisch geriebene Muskatnuss

100 ml Sahne

Thymianblättchen (zum Garnieren)

ZUBEREITUNGSZEIT: 30 MINUTEN
GARZEIT: 25 MINUTEN

1 Die Äpfel schälen, halbieren, das Kerngehäuse entfernen und die Äpfel in kleine Würfel schneiden. Den Sellerie putzen, waschen, schälen und in kleine Würfel schneiden. Die Schalotte und den Knoblauch schälen und fein würfeln.

2 Das Brot entrinden und zusammen mit dem Speck in 2 cm lange Streifen schneiden. In einem Topf das Öl erhitzen und die Speck- und die Brotstreifen darin knusprig anbraten. Beides herausnehmen und auf Küchenpapier abtropfen lassen.

3 Die Schalotten- und die Knoblauchwürfel im Speckfett 1–2 Minuten glasig anschwitzen. Die Sellerie- und die Apfelwürfel dazugeben und 3–5 Minuten mitschwitzen. Alles mit dem Weißwein ablöschen und die Gemüsebrühe dazugießen. Die Suppe mit Salz, Pfeffer und Muskat würzen und den Sellerie sowie die Äpfel 10–15 Minuten weich kochen. Die Suppe mit einem Pürierstab fein pürieren. Die Sahne einrühren.

4 Die Suppe kurz aufkochen lassen und noch einmal mit Salz, Pfeffer und Muskat abschmecken. Die Apfel-Sellerie-Cremesuppe in Suppenschalen anrichten, mit den Brot- und Speckstreifen bestreuen und mit ein paar Thymianblättchen garniert servieren.

Sauermehlsuppe

1 Den Roggenschrot in ein Einmachglas geben und mit etwa 400 ml warmem Wasser übergießen. Das Glas mit Backpapier abdecken, dieses mit einem Gummiring oder einem Stück Schnur am Glasrand befestigen und mit einer Nadel kleine Löcher in das Backpapier stechen. Den Schrot 2–3 Tage bei Zimmertemperatur zum Gären stehen lassen.

2 Die Karotte, die Zwiebel, die Kartoffeln und den Knoblauch schälen und klein würfeln. Den Speck ebenfalls in kleine Würfel schneiden.

3 Das Öl in einem Topf erhitzen und den Speck darin knusprig braten. Die Zwiebel dazugeben und goldbraun mitbraten. Beides herausnehmen und auf Küchenpapier abtropfen lassen.

4 Die Karotte und die Kartoffeln in den Topf geben, kurz anschwitzen und mit der Brühe ablöschen. Den Majoran einrühren und alles bei mittlerer Hitze etwa 20 Minuten köcheln lassen. Das Gemüse anschließend mit einem Pürierstab fein pürieren.

5 Den vergärten Roggenschrot zur Suppe geben. Alles weitere 5 Minuten köcheln lassen, dann den Sauerrahm unterrühren.

6 Den Topf vom Herd nehmen und die Suppe mit Salz und Pfeffer abschmecken. Die Sauermehlsuppe auf Teller verteilen, die Speck- sowie die Zwiebelwürfel darüberstreuen und mit Petersilienstreifen garniert servieren.

Steinpilzsuppe

1 Die Pilze putzen, mit Küchenpapier abreiben und klein schneiden. Die Kartoffeln schälen und in kleine Würfel schneiden.

2 Die Zwiebel und den Knoblauch schälen und fein hacken. In einem Topf das Öl erhitzen und die Zwiebel sowie den Knoblauch darin glasig schwitzen.

3 Die Pilze mit den Kartoffeln in den Topf geben, kurz mitschwitzen und mit dem Wein ablöschen. Die Brühe angießen. Das Lorbeerblatt und die Pfefferkörner in ein Gewürzsäckchen oder in einen Einwegteebeutel füllen, zur Suppe geben und alles bei mittlerer Hitze etwa 15 Minuten köcheln lassen.

4 Die Hälfte der Pilze mit den Gewürzen aus der Suppe nehmen. Den Rest mit einem Pürierstab pürieren und die Crème fraîche einrühren.

5 Die Suppe mit Salz, Pfeffer und Muskat abschmecken. Die Pilze, das Lorbeerblatt und die Pfefferkörner wieder in die Suppe geben und diese kurz ziehen lassen.

6 Die Steinpilzsuppe in Suppentassen anrichten und mit frisch gehackter Petersilie bestreut servieren.

ZUTATEN FÜR 4 PERSONEN

500 g frische Steinpilze

300 g mehligkochende Kartoffeln

1 Zwiebel

1 Knoblauchzehe

1 EL Pflanzenöl

150 ml trockener Weißwein

etwa 600 ml Gemüsebrühe (Rezept siehe Seite 15)

1 Lorbeerblatt

3 Pfefferkörner

5 EL Crème fraîche

Salz · frisch gemahlener Pfeffer

frisch geriebene Muskatnuss

2 EL frisch gehackte Petersilie (zum Garnieren)

ZUBEREITUNGSZEIT: 30 MINUTEN
GARZEIT: 25 MINUTEN

Rote-Bete-Suppe

mit Kürbiskernen

ZUTATEN FÜR 4 PERSONEN

450 g Rote Bete

150 g mehligkochende Kartoffeln

1 Zwiebel

2 EL Butter

800 ml Gemüsebrühe (bei Bedarf mehr, Rezept siehe Seite 15)

Salz

frisch gemahlener Pfeffer

2 EL Rotweinessig

4 EL Kürbiskerne (zum Garnieren)

4 EL Sahne (zum Garnieren)

2 EL frisch gehackte Petersilie (zum Garnieren)

ZUBEREITUNGSZEIT: 30 MINUTEN
GARZEIT: 35 MINUTEN

1 Die Rote Bete und die Kartoffeln schälen und in kleine Würfel schneiden. Die Zwiebel schälen und fein hacken.

2 In einem Topf die Butter zerlassen und die Zwiebel darin glasig anschwitzen. Die Rote Bete und die Kartoffeln dazugeben, mitschwitzen, dann die Brühe angießen. Alles bei mittlerer Hitze 25–30 Minuten köcheln lassen.

3 Die Suppe mit einem Pürierstab pürieren, anschließend mit Salz, Pfeffer und Essig abschmecken. Ist die Suppe zu dickflüssig, noch etwas Brühe dazugießen.

4 Die Kürbiskerne in einer heißen Pfanne ohne Fett anrösten, bis sie duften, dann herausnehmen und abkühlen lassen. Die Sahne nicht ganz steif schlagen.

5 Die Suppe noch einmal mit Salz, Pfeffer und Essig abschmecken, auf tiefe Teller verteilen und mit einem Klecks Sahne, einigen Kürbiskernen und Petersilie garniert servieren.

Festliches & Deftiges

Kohlsuppe

mit Karpfenklößchen

ZUTATEN FÜR 4 PERSONEN

Für die Klößchen:

200 g Karpfenfilet

1 Eiweiß

etwa 150 ml Sahne

Salz

½ TL Abrieb von einer
unbehandelten Zitrone

frisch gemahlener Pfeffer

frisch geriebene Muskatnuss

Für die Suppe:

400 g Spitzkohl oder Weißkohl

1 Schalotte

1 Knoblauchzehe

1 EL Butter

100 ml trockener Weißwein

etwa 600 ml Fischfond
(Rezept siehe Seite 22)

Salz

100 ml Sahne

frisch gemahlener Pfeffer

Majoran (zum Garnieren)

ZUBEREITUNGSZEIT: 30 MINUTEN
ANFRIEREN: 10 MINUTEN
GARZEIT: 20 MINUTEN

1 Für die Klößchen das Karpfenfilet in Würfel schneiden und im Gefrierfach etwa 10 Minuten anfrieren. Anschließend mit dem Eiweiß, etwas Sahne und Salz in der Küchenmaschine zerkleinern, dabei nach und nach so viel Sahne zugießen, bis eine glatte Farce entstanden ist.

2 Die Farce nach Belieben noch mal durch ein Sieb streichen und mit Salz, Zitronenabrieb, Pfeffer und Muskat abschmecken. Aus der Masse kleine Klößchen formen und die Klößchen kalt stellen.

3 Für die Suppe den Kohl putzen, die äußeren Blätter entfernen. Den Kohl vierteln, waschen und in Streifen schneiden. Die Schalotte und den Knoblauch schälen, beides fein würfeln.

4 Die Butter in einem Topf zerlassen und darin die Schalotte, den Knoblauch und den Kohl anschwitzen, ohne dass sie Farbe nehmen. Den Kohl mit dem Wein ablöschen. Alles aufkochen lassen, die Brühe angießen und etwa 10 Minuten leise gar köcheln lassen.

5 In einem Topf reichlich Salzwasser aufkochen. Die Karpfenklößchen darin bei niedriger Hitze im leicht siedenden Salzwasser etwa 5 Minuten gar ziehen lassen. Die Klößchen mit einem Schaumlöffel herausnehmen und abtropfen lassen.

6 Die Sahne steif schlagen und unter die Suppe rühren, dann die Suppe mit Salz und Pfeffer abschmecken und auf Suppenschalen verteilen. Die Karpfenklößchen daraufsetzen. Die Kohlsuppe leicht mit Pfeffer übermahlen und mit Majoran garniert servieren.

Maultaschensuppe

ZUTATEN FÜR 4 PERSONEN

Für den Teig:

250 g Mehl · 2 Eier · 1 TL Salz

1 EL Sonnenblumenöl · Mehl (für die Arbeitsfläche)

1 Eiweiß (zum Bestreichen)

Für die Füllung:

1 Brötchen (vom Vortag)· 60 ml lauwarme Milch

1 Zwiebel · 1 EL Butter · 300 g frischer Blattspinat

Salz · 250 g Bratwurstbrät · 1 Ei

frisch gemahlener Pfeffer

frisch geriebene Muskatnuss

1 l Fleischbrühe (Rezept siehe Seite 20) · Salz

2 EL Schnittlauchröllchen (zum Garnieren)

ZUBEREITUNGSZEIT: 45 MINUTEN
RUHEZEIT: 20 MINUTEN
GARZEIT: 20 MINUTEN

1 Das Mehl in eine Schüssel sieben. Die Eier, das Salz und das Öl hineingeben. Die Zutaten mit den Knethaken des Rührgeräts zu einem festen, geschmeidigen Teig verkneten. Bei Bedarf etwas Wasser dazugeben. Den Teig zu einer Kugel formen und in Frischhaltefolie gewickelt etwa 20 Minuten ruhen lassen.

2 Für die Füllung das Brötchen in der lauwarmen Milch einweichen. Die Zwiebel schälen und fein würfeln. Die Butter in einer Pfanne zerlassen und die Zwiebel darin glasig anschwitzen.

3 Den Spinat verlesen, putzen und waschen. In einem Topf Salzwasser aufkochen und darin den Spinat kurz blanchieren, dann mit kaltem Wasser abschrecken, ausdrücken und fein hacken.

4 Den Spinat mit dem ausgedrückten Brötchen, der Zwiebel, dem Brät und dem Ei in eine Schüssel geben und gut vermengen. Die Masse mit Salz, Pfeffer und Muskat würzig abschmecken.

5 Den Nudelteig auf einer bemehlten Arbeitsfläche gleichmäßig dünn ausrollen. Aus dem Teig Rechtecke (jeweils 5 x 10 cm) schneiden. In die Mitte der Rechtecke 1 Esslöffel der Brätmasse geben.

6 Die Teigränder mit Eiweiß bestreichen. Ein schmales Teigende über die Füllung schlagen und auf das gegenüberliegende schmale Teigende drücken. Die Längsseiten ebenfalls gut andrücken. So alle Rechtecke zu Maultaschen verarbeiten.

7 Reichlich Salzwasser in einem Topf aufkochen. Die Maultaschen in das kochende Salzwasser geben, die Temperatur reduzieren und die Maultaschen im siedenden Wasser etwa 8 Minuten gar ziehen lassen. Mit einem Schaumlöffel herausheben und abtropfen lassen.

8 Die Fleischbrühe aufkochen und mit Salz abschmecken. Die Maultaschen auf Suppenschüsseln oder tiefe Teller verteilen, die heiße Brühe darübergießen und mit Schnittlauchröllchen bestreut servieren.

Grießnockerlsuppe

1 Für die Grießnockerln die Butter mit je 1 Prise Salz und Muskat schaumig rühren. Den Grieß und das Ei unterschlagen und alles mindestens 20 Minuten quellen lassen.

2 Die Brühe zum Kochen bringen und mit etwas Pfeffer abschmecken. 2 Teelöffel in kaltes Wasser tauchen und damit aus dem Grießteig Nockerln abstechen. Die Nockerln in die köchelnde Brühe einlegen und bei milder Hitze 15–20 Minuten gar ziehen lassen.

3 Die Karotte und den Sellerie schälen. Den Lauch putzen und waschen. Das Gemüse in feine Streifen schneiden. Etwa 10 Minuten vor Ende der Garzeit die Gemüsestreifen in die Suppe geben.

4 Die Suppe mit den Nockerln in tiefen Tellern anrichten und mit Schnittlauch bestreut servieren.

FÜR 4 PERSONEN

Für die Nocken:

40 g weiche Butter

Salz

frisch geriebene Muskatnuss

50 g Grieß

1 Ei

Für die Suppe:

1 l Fleischbrühe (Rezept siehe Seite 20)

frisch gemahlener Pfeffer · 1 Karotte

½ Knolle Sellerie · ½ Stange Lauch

2 EL Schnittlauchröllchen (zum Garnieren)

ZUBEREITUNGSZEIT: 25 MINUTEN
QUELLZEIT: 20 MINUTEN
GARZEIT: 25 MINUTEN

Allgäuer Hochzeitssuppe

mit dreierlei Klößchen und Flädle

ZUTATEN FÜR 4–6 PERSONEN

Für die Brühe:

500 g Tafelspitz (vom Kalb oder Rind)

500 g Rinderknochen

1 Zwiebel · 1 TL Pfefferkörner · Salz

1 Petersilienwurzel · 2 Karotten
¼ Knolle Sellerie · ½ Stange Lauch

Salz · frisch gemahlener Pfeffer
frisch geriebene Muskatnuss

Für die Grießnockerln:

40 g weiche Butter · 1 Ei · 50 g Grieß

Salz · frisch geriebene Muskatnuss

Für die Markklößchen:

50 g Rindermark · 1 großes Ei

60–70 g Semmelbrösel

1 TL abgeriebene Schale von einer
unbehandelten Zitrone

Salz · frisch geriebene Muskatnuss

Für die Flädle:

40 g Mehl · 1 Ei · 100 ml Milch
Salz · frisch gemahlener Pfeffer

1 TL abgeriebene Schale von einer
unbehandelten Zitrone

1 Bund Petersilie, fein gehackt

20 g Butterschmalz (zum Backen)

Für die Brätnockerln:

120 g Kalbsbrät · 40 ml Milch

2 EL Sahne · 15 g weiche Butter
1 kleines Ei · 2–3 EL Semmelbrösel

Salz · frisch gemahlener Pfeffer
frisch geriebene Muskatnuss

1 Stange Lauch und 2 Karotten

ZUBEREITUNGSZEIT: 1 STUNDE
GARZEIT: 2 STUNDEN
RUHEZEIT: 1 STUNDE 15 MINUTEN

1 Das Fleisch und die Knochen waschen. Die Zwiebel halbieren, mit den Schnittflächen in eine Pfanne legen und ohne Fett goldbraun werden lassen. Das Fleisch mit der Zwiebel und den Pfefferkörnern in einen Topf geben. Das Fleisch mit Salz würzen und mit 2 Liter Wasser aufgießen. Den Sud aufkochen und das Fleisch darin bei schwacher Hitze etwa 2 Stunden gar ziehen lassen. Den zu Beginn entstehenden Schaum mit einem Schaumlöffel abschöpfen. Die Petersilienwurzel, die Karotten und den Sellerie schälen. Den Lauch putzen und waschen. Das Gemüse klein schneiden und nach der Hälfte der Garzeit in die Brühe geben.

2 Während die Suppe gart, für die Grießnockerln die weiche Butter mit dem Ei cremig rühren. Nach und nach unter Rühren den Grieß einrieseln lassen. Die Masse mit Salz und Muskat würzen, dann etwa 15 Minuten ruhen lassen. 2 Teelöffel in kaltes Wasser tauchen und mit den Löffeln aus der Grießmasse Nockerln formen, diese in leicht siedendem Salzwasser etwa 20 Minuten gar ziehen lassen.

3 Für die Markklößchen das Mark bei schwacher Hitze in einem Topf zerlassen, durch ein Sieb gießen und mit einem Schneebesen schaumig rühren. Das Ei und die Brösel dazugeben. Das Mark mit Zitronenschale, Salz und Muskat würzen, 30 Minuten ruhen lassen. Aus der Masse Klößchen formen und in köchelndem Salzwasser 15 Minuten gar ziehen lassen.

4 Für die Flädle das Mehl, das Ei und die Milch mit Salz, Pfeffer und Zitronenschale kräftig verrühren. Die Petersilie einrühren und den Teig etwa 30 Minuten quellen lassen. Etwas Butterschmalz in einer Pfanne zerlassen und darin 3 dünne Pfannkuchen ausbacken. Diese einzeln aufrollen, abkühlen lassen, dann dünne Scheiben herunterschneiden.

5 Für die Brätnockerln das Brät mit der Milch, der Sahne, der Butter, dem Ei und den Semmelbröseln zu einem Teig verrühren. Den Teig mit Salz, Pfeffer und Muskat abschmecken. Kleine Nocken aus der Masse formen und in köchelndem Salzwasser etwa 10 Minuten gar ziehen lassen.

6 Das Fleisch aus der Suppenbrühe nehmen. Die Brühe durch ein Passiertuch gießen, etwas einkochen und mit Salz, Pfeffer und Muskat abschmecken. Den Lauch putzen und waschen, die Karotten schälen. Beides in feine Streifen schneiden. Die Suppe aufkochen, die Gemüsestreifen hineingeben und 1–2 Minuten köcheln lassen. Die Hälfte vom Fleisch in Streifen schneiden (den Rest anderweitig verwenden) und in der Suppe erwärmen. Die Suppe mit den Grießnockerln, den Markklößchen, den Flädle und den Brätnockerln anrichten und servieren.

Klare Gemüsesuppe
mit Fischklößchen

1 Für die Fischklößchen das Brötchen in lauwarmem Wasser einweichen. Die Schalotte schälen und fein hacken. Die Butter in einer Pfanne erhitzen und die Schalotte darin glasig anschwitzen. Die Pfanne vom Herd nehmen und die Schalotte abkühlen lassen.

2 Den Fisch waschen, trocken tupfen, in Stücke schneiden und in der Küchenmaschine oder mit einem Pürierstab pürieren. Das Brötchen gut ausdrücken und zerpflücken, dann mit dem Ei, der Schalotte und dem Dill verkneten. Die Masse mit Salz und Pfeffer würzen.

3 Für die Suppe die Karotten und den Sellerie schälen. Den Sellerie in 3 cm lange, schmale Stifte und die Karotten in Scheiben schneiden. Den Lauch putzen, längs einschneiden, waschen und in Ringe schneiden.

4 Den Fond mit der Brühe und dem Weißwein erhitzen. Mit angefeuchteten Händen aus der Fischmasse kleine Klößchen formen und diese mit dem Gemüse in die heiße Brühe geben. Alles bei mittlerer Hitze 6–8 Minuten in der köchelnden Brühe gar ziehen lassen.

5 Die Suppe mit Salz und Pfeffer abschmecken und in tiefen Tellern angerichtet servieren.

ZUTATEN FÜR 4 PERSONEN

Für die Fischklößchen:

1 Brötchen (vom Vortag)

1 Schalotte · 1 TL Butter

500 g Kabeljaufilet, küchenfertig und ohne Haut

1 Ei · 1 EL frisch gehackter Dill

Salz · frisch gemahlener Pfeffer

Für die Suppe:

3 Karotten · ½ Knolle Sellerie

1 Stange Lauch

300 ml Fischfond (Rezept siehe Seite 22)

400 ml Gemüsebrühe (Rezept siehe Seite 15)

100 ml trockener Weißwein

Salz · frisch gemahlener Pfeffer

ZUBEREITUNGSZEIT: 30 MINUTEN
GARZEIT: 15 MINUTEN

Fischsuppe
mit Kartoffeln und Lauch

1 Die Forellen waschen und trocken tupfen.

2 Die Kartoffeln schälen und in kleine Würfel schneiden. Die Zwiebel und den Knoblauch schälen und fein hacken. In einem Topf 2 Esslöffel Butter zerlassen und die Zwiebel sowie den Knoblauch darin glasig schwitzen.

3 Die Kartoffeln dazugeben, kurz mitschwitzen und alles mit dem Wein, der Brühe und dem Fond auffüllen. Die Suppe bei mittlerer Hitze etwa 15 Minuten köcheln lassen.

4 Von den Forellen den Kopf und die Flossen entfernen. Die Fische in 1 cm breite Scheiben schneiden.

5 Den Lauch putzen, längs einschneiden, waschen und in schmale Ringe schneiden. Die restliche Butter in einer Pfanne zerlassen und den Lauch darin anschwitzen. Die Pfanne vom Herd nehmen.

6 Die Hälfte der Kartoffelwürfel aus der Suppe nehmen, die restliche Suppe mit einem Pürierstab pürieren. Den Sauerrahm sowie die Crème fraîche dazugeben. Die Suppe mit Salz und Pfeffer abschmecken. Den Lauch, die restlichen Kartoffelwürfel, den gehackten Dill und den Fisch dazugeben und alles 6–7 Minuten ziehen lassen.

7 Die Fischsuppe noch einmal mit Salz und Pfeffer abschmecken, in tiefen Tellern anrichten und mit Dillspitzen garniert servieren.

ZUTATEN FÜR 4 PERSONEN

500 g Forelle, küchenfertig

500 g Kartoffeln · 1 Zwiebel

1 Knoblauchzehe

3 EL Butter

150 ml trockener Weißwein

450 ml Gemüsebrühe (Rezept siehe Seite 15)

300 ml Fischfond (Rezept siehe Seite 22)

1 Stange Lauch

100 g Sauerrahm · 50 g Crème fraîche

Salz · frisch gemahlener Pfeffer

2 EL frisch gehackter Dill

Dillspitzen (zum Garnieren)

ZUBEREITUNGSZEIT: 35 MINUTEN
GARZEIT: 30 MINUTEN

Berliner Gemüsetopf

ZUTATEN FÜR 4 PERSONEN

400 g Sellerie

2 Petersilienwurzeln

3 Karotten

1 Zwiebel

2 EL Butter

2 EL Mehl

1 l Fleischbrühe
(Rezept siehe Seite 20)

1 Lorbeerblatt

1 Prise gemahlener Kümmel

2 EL frisch gehackte Petersilie

1 EL frisch gehackte
Majoranblättchen

Salz

frisch gemahlener Pfeffer

Meerrettich (aus dem Glas)

Majoranzweige (zum Garnieren)

ZUBEREITUNGSZEIT: 45 MINUTEN
GARZEIT: 25 MINUTEN

1 Den Sellerie, die Petersilienwurzeln und die Karotten schälen, alles in etwa 1 cm große Würfel schneiden.

2 Die Zwiebel schälen und würfeln. Die Butter in einem Topf zerlassen und die Zwiebel darin anschwitzen. Die Sellerie-, die Petersilienwurzel- sowie die Karottenwürfel dazugeben und kurz mitschwitzen. Alles mit Mehl bestauben. Das Gemüse gut umrühren und mit dem Mehl vermengen.

3 Nun die Brühe angießen, dann das Lorbeerblatt und den Kümmel dazugeben. Die Suppe unter gelegentlichem Rühren etwa 20 Minuten köcheln lassen.

4 Am Ende der Garzeit die Petersilie und den Majoran unterrühren. Den Gemüsetopf mit Salz, Pfeffer und Meerrettich abschmecken und mit Majoran garniert servieren.

Pastinakensuppe

ZUTATEN FÜR 4 PERSONEN

400 g Pastinaken

100 g mehligkochende Kartoffeln

100 g Knollensellerie

1 Schalotte

1 Knoblauchzehe

2 EL Butter

100 ml trockener Weißwein

etwa 650 ml Gemüsebrühe
(Rezept siehe Seite 15)

100 ml Sahne

Salz

frisch gemahlener Pfeffer

frisch geriebene Muskatnuss

2 EL in Streifen geschnittene
Petersilie (zum Garnieren)

ZUBEREITUNGSZEIT: 30 MINUTEN
GARZEIT: 25 MINUTEN

1 Die Pastinaken, die Kartoffeln und den Sellerie schälen und in kleine Würfel schneiden. Die Schalotte und den Knoblauch schälen und fein hacken.

2 Die Butter in einem Topf zerlassen und die Schalotte sowie den Knoblauch darin glasig schwitzen.

3 Die Pastinaken, die Kartoffeln und den Sellerie kurz mitschwitzen. Alles mit dem Wein ablöschen und die Brühe angießen. Die Suppe bei mittlerer Hitze etwa 15 Minuten köcheln lassen.

4 Am Ende der Garzeit das Gemüse in der Brühe mit einem Pürierstab pürieren. Die Sahne einrühren und die Suppe mit Salz, Pfeffer und Muskat würzen.

5 Die Suppe noch einmal aufkochen lassen, dann mit Salz und Pfeffer abschmecken. Ist die Suppe zu dickflüssig, noch etwas Brühe dazugießen. Die Suppe in Suppenschalen oder tiefe Teller füllen und mit Petersilienstreifen garniert servieren.

Rosenkohlsuppe

ZUTATEN FÜR 4 PERSONEN

500 g Rosenkohl

1 mehligkochende Kartoffel

100 g Knollensellerie

1 Schalotte

1 Knoblauchzehe

2 EL Butter

etwa 600 ml Fleischbrühe
(Rezept siehe Seite 20)

100 ml Sahne
(mindestens 30 % Fett)

2 EL Crème fraîche
(mindestens 30 % Fett)

Salz

frisch gemahlener Pfeffer

frisch geriebene Muskatnuss

50 g durchwachsener Speck

2 Scheiben Toastbrot

1 Apfel

1 EL Walnusskerne

ZUBEREITUNGSZEIT: 50 MINUTEN
KOCHZEIT: 30 MINUTEN

1 Den Rosenkohl putzen und halbieren. Die Kartoffel und den Sellerie schälen und würfeln. Die Schalotte und den Knoblauch schälen und würfeln. In einem Topf 1 Esslöffel Butter zerlassen und darin die Schalotte sowie den Knoblauch glasig anschwitzen.

2 Den Rosenkohl und den Sellerie dazugeben, kurz mitschwitzen, dann mit der Brühe ablöschen. Anschließend die Kartoffel und die Sahne in den Topf geben und alles etwa 30 Minuten leise köcheln lassen.

3 Am Ende der Garzeit 4 Esslöffel von dem Rosenkohl herausnehmen und beiseitestellen. Den Rest in der Suppenbrühe mit einem Pürierstab fein pürieren. Die Crème fraîche unterrühren, die Suppe nochmals aufkochen lassen und mit Salz, Pfeffer und Muskat abschmecken.

4 Den Speck und das Brot würfeln. Den Apfel waschen, vierteln, das Kerngehäuse entfernen und die Apfelviertel fein würfeln. Die Walnüsse grob hacken.

5 Die restliche Butter in einer Pfanne erhitzen und den Speck darin anbraten. Den Toast zugeben, goldbraun braten, dann die Pfanne vom Herd nehmen. Die Walnüsse und die Apfelwürfel unterrühren und alles durchschwenken.

6 Den beiseitegestellten Rosenkohl auf vorgewärmte tiefe Teller verteilen und die Suppe daraufgießen. Die Rosenkohlsuppe mit der Speckmischung garniert servieren.

Hähnchensuppe
mit Erbsen

ZUTATEN FÜR 4 PERSONEN

1 Stück frischer Ingwer (1 ½ cm)

1 Knoblauchzehe

1 rote Chilischote (nach Belieben)

Keimöl (zum Anbraten)

500 g Hähnchenbrustfilet, küchenfertig und ohne Haut

600 ml Hühner- oder Gemüsebrühe (Rezept siehe Seite 14 bzw. Seite 15)

2 Sternanis

1 Zimtstange

3 Gewürznelken

Salz

Schalenstücke von ½ unbehandelten Zitrone

etwa 2 EL Fischsauce

150 g Reisbandnudeln

450 g grüne Erbsen

ZUBEREITUNGSZEIT: 35 MINUTEN
GARZEIT: 45 MINUTEN

1 Den Ingwer und den Knoblauch schälen und fein hacken. Falls verwendet, die Chili waschen, längs halbieren, die Samen und die Scheidewände entfernen, dann die Chili ebenfalls fein hacken.

2 In einem Topf 1 Esslöffel Öl erhitzen und darin den Ingwer, den Knoblauch und nach Belieben die Chili anschwitzen.

3 Das Fleisch waschen, trocken tupfen, in mundgerechte Würfel schneiden und rundherum mit anbraten. Das Fleisch herausnehmen, beiseitelegen und die Brühe in den Topf geben. Den Sternanis, die Zimtstange, die Nelken, etwas Salz, die Zitronenschale und die Fischsauce zur Brühe geben. Alles bei mittlerer Hitze etwa 30 Minuten köcheln lassen.

4 Inzwischen die Nudeln 30 Minuten in kaltem Wasser einweichen.

5 Die Erbsen verlesen, waschen und in kochendem Salzwasser 5 Minuten blanchieren. Die Erbsen abgießen, mit kaltem Wasser abschrecken und abtropfen lassen.

6 Die Suppe durch ein Sieb abgießen und nochmals mit Salz und Fischsauce abschmecken.

7 Die Nudeln in kochendem Salzwasser 3 Minuten garen. Anschließend die Nudeln abgießen, abtropfen lassen und mit dem Fleisch und den Erbsen auf Teller verteilen. Die heiße Suppe darübergießen und servieren.

Brotsuppe mit Zwiebeln

1 Die Zwiebeln schälen und in Ringe schneiden. In einer Pfanne das Butterschmalz zerlassen und die Zwiebeln darin goldbraun braten.

2 Das Brot in mundgerechte Stücke teilen. Die Brühe erhitzen und mit Salz, Pfeffer und Muskat abschmecken. Den Thymian waschen, trocken schütteln und klein zupfen.

3 Die Zwiebeln mit dem Brot auf Schälchen verteilen, mit der heißen Brühe begießen und mit Thymian garniert servieren.

ZUTATEN FÜR 4 PERSONEN

2 Zwiebeln

1 EL Butterschmalz

400 g Weißbrot (vom Vortag)

1 l Fleischbrühe (Rezept siehe Seite 20)

Salz

frisch gemahlener Pfeffer

frisch geriebene Muskatnuss

Thymian (zum Garnieren)

ZUBEREITUNGSZEIT: 30 MINUTEN
GARZEIT: 10 MINUTEN

TIPP

Statt Weißbrot können Sie auch Brezen oder Brötchen vom Vortag verwenden. Andere Kräuter, z. B. Petersilie oder Schnittlauch, passen auch zu dieser Suppe.

Weiße-Bohnen-Suppe

1 Die Bohnen über Nacht einweichen.

2 Die Karotten schälen und würfeln. Den Lauch und den
Fenchel putzen und waschen. Den Lauch in Ringe und den
Fenchel in mundgerechte Stücke schneiden. Die Kartoffeln
schälen, vierteln und in Scheiben schneiden.

3 Die Brühe aufkochen lassen. Die Bohnen abgießen, abtropfen lassen und in der Brühe etwa 30 Minuten köcheln
lassen. Die Karotten, den Lauch, den Fenchel und die Kartoffeln dazugeben und alles weitere 10–15 Minuten fertig
köcheln lassen.

4 Die Bohnensuppe mit Salz und Pfeffer abschmecken,
dann mit Petersilie bestreut servieren.

ZUTATEN FÜR 4 PERSONEN

300 g getrocknete weiße Bohnen

2 Karotten

1 Stange Lauch

2 Fenchelknollen

250 g festkochende Kartoffeln

1 l Gemüsebrühe (Rezept siehe Seite 15)

Salz

frisch gemahlener Pfeffer

gehackte Petersilie (zum Garnieren)

ZUBEREITUNGSZEIT: 30 MINUTEN
EINWEICHZEIT: 12 STUNDEN
GARZEIT: 45 MINUTEN

Blumenkohlcremesuppe
mit Dill

ZUTATEN FÜR 4 PERSONEN

400 g Blumenkohl

150 g festkochende Kartoffeln

150 g Karotten

1 Zwiebel

1 EL Butter

800 ml Gemüsebrühe
(Rezept siehe Seite 15)

150 ml Sahne

Salz

frisch gemahlener Pfeffer

frisch geriebene Muskatnuss

2 EL frisch gehackter Dill

ZUBEREITUNGSZEIT: 30 MINUTEN
GARZEIT: 20 MINUTEN

1 Den Blumenkohl putzen, waschen und in kleine Röschen teilen. Den Strunk und die Stiele in kleine Würfelchen schneiden.

2 Die Kartoffeln und die Karotten schälen und ebenfalls würfeln. Die Zwiebel schälen und fein hacken.

3 In einem Topf die Butter zerlassen und darin die Zwiebel anschwitzen. Den Blumenkohl, die Kartoffeln und die Karotten dazugeben und kurz mitschwitzen. Die Brühe angießen und alles bei mittlerer Hitze etwa 20 Minuten köcheln lassen.

4 Am Ende der Garzeit die Sahne einrühren. Die Suppe nochmals kurz aufkochen lassen, dann mit Salz, Pfeffer und Muskat abschmecken. Die Blumenkohlcremesuppe auf Suppenschalen verteilen und mit Dill bestreut servieren.

Kartoffelsuppe

mit Debrecziner

ZUTATEN FÜR 4 PERSONEN

700 g mehligkochende Kartoffeln

4 Karotten

1 Stange Lauch

2 Zwiebeln

2 Knoblauchzehen

70 g Räucherspeck

1 l Fleischbrühe
(Rezept siehe Seite 20)

Salz

frisch gemahlener Pfeffer

500 g Kasseler (am Stück)

1 EL gehackte Majoranblättchen

4 Debrecziner Würstchen

2 EL Schnittlauchröllchen
(zum Garnieren)

Kräuterzweige (z. B. Thymian;
zum Garnieren)

ZUBEREITUNGSZEIT: 40 MINUTEN
GARZEIT: 35 MINUTEN

1 Die Kartoffeln und die Karotten schälen und in Würfel schneiden. Den Lauch putzen, waschen, trocken tupfen und in feine Ringe schneiden. Die Zwiebeln und den Knoblauch schälen und fein hacken. Den Speck fein würfeln.

2 In einem großen Topf den Speck ohne Fett auslassen. Den Speck herausnehmen und beiseitestellen. Im Speckfett die Kartoffeln anbraten. Die Karotten, den Lauch, die Zwiebeln und den Knoblauch dazugeben und alles kurz mitbraten.

3 Die Brühe angießen und den Sud mit Salz und Pfeffer würzen. Das Kasseler in die Brühe legen und alles etwa 35 Minuten köcheln lassen, dabei gelegentlich umrühren. Das Kasseler herausnehmen, in Würfel schneiden und beiseitestellen.

4 Am Ende der Garzeit die Suppe mit einem Pürierstab grob pürieren und mit Salz, Pfeffer und Majoran abschmecken. Die Debrecziner in Scheiben schneiden und zusammen mit den Kasselerwürfeln in der Suppe erhitzen.

5 Die Kartoffelsuppe auf Suppenschalen verteilen und mit einigen Speckwürfeln, Schnittlauchröllchen und Kräutern garniert servieren.

Kohleintopf
mit Speck

ZUTATEN FÜR 4 PERSONEN

500 g Weißkohl

200 g festkochende Kartoffeln

200 g Karotten

2 Zwiebeln

4 dicke Scheiben
durchwachsener Speck

1 l Fleischbrühe
(Rezept siehe Seite 20)

1 TL Kümmelsamen

Salz

frisch gemahlener Pfeffer

Vollkornbrot (nach Belieben
zum Servieren)

ZUBEREITUNGSZEIT: 40 MINUTEN
GARZEIT: 30 MINUTEN

1 Den Kohl putzen, die äußeren Blätter entfernen. Den Kohlkopf vierteln, waschen, vom Strunk befreien und die Viertel in breite Streifen schneiden. Die Kartoffeln und die Karotten schälen und in grobe Stücke schneiden. Die Zwiebeln schälen und in Streifen schneiden.

2 Die Speckscheiben in einem Topf ohne Fett auslassen und knusprig braten. Den Speck herausnehmen und auf Küchenpapier abtropfen lassen.

3 Das Gemüse mit den Zwiebeln in den Topf geben, kurz anschwitzen und mit der Brühe auffüllen. Mit Kümmel, etwas Salz und Pfeffer würzen und den Eintopf bei mittlerer Hitze etwa 25 Minuten köcheln lassen.

4 Nach Ende der Garzeit den Eintopf nochmals mit Salz und Pfeffer abschmecken, auf Teller verteilen, mit je 1 Scheibe Speck anrichten und servieren. Nach Belieben Vollkornbrot dazu reichen.

Zwiebelsuppe

mit Brot und Käse überbacken

1 Die Zwiebeln schälen, halbieren und in dünne Streifen schneiden. Den Knoblauch schälen und fein hacken. Den Thymian waschen, trocken tupfen und die Blättchen abzupfen.

2 Die Butter in einem Topf erhitzen. Die Zwiebeln und den Knoblauch leicht braun anbraten. Beides mit dem Weißwein ablöschen und mit der Brühe aufgießen. Das Lorbeerblatt und die Thymianblättchen einrühren und die Suppe offen 15–20 Minuten leise köcheln lassen.

3 Den Backofengrill auf höchster Stufe vorheizen.

4 Am Ende der Garzeit die Suppe mit Salz und Pfeffer abschmecken. Das Lorbeerblatt entfernen.

5 Die Suppe in ofenfeste Suppentassen füllen. Die Brotscheiben darauflegen und mit den Käsescheiben belegen.

6 Den Käse mit Kümmel bestreuen und die Käsebrote im vorgeheizten Ofen unter dem Grill goldgelb gratinieren.

7 Die Zwiebelsuppe mit den Käsebroten sofort servieren.

ZUTATEN FÜR 4 PERSONEN

600 g Gemüsezwiebeln

1–2 Knoblauchzehen

4 Zweige Thymian

2 EL Butter

150 ml trockener Weißwein

800 ml Fleischbrühe (Rezept siehe Seite 20)

1 Lorbeerblatt

Salz

frisch gemahlener Pfeffer

12 kleine, schmale Baguettescheiben

12 Scheiben Greyerzer

2 EL Kümmelsamen

ZUBEREITUNGSZEIT: 35 MINUTEN
GARZEIT: 25 MINUTEN

Hühnersuppe
mit Blätterteighaube

1 Das Fleisch waschen, trocken tupfen und in Streifen schneiden. Die Schalotte und den Knoblauch schälen und fein hacken. Den Spinat verlesen, waschen, putzen und trocken schleudern.

2 In einem Topf die Butter zerlassen und das Fleisch darin von allen Seiten anbraten, herausnehmen und beiseitestellen. Die Schalotte und den Knoblauch dazugeben, glasig anschwitzen, mit dem Mehl bestauben und leicht Farbe nehmen lassen.

3 Alles mit dem Wein ablöschen und mit einem Schneebesen kräftig verrühren, damit sich keine Klumpen bilden. Dann die Brühe und die Sahne angießen. Die Suppe aufkochen lassen.

4 Den Spinat und das Fleisch in die Suppe geben. Die Hühnersuppe mit Salz, Pfeffer und Muskat würzen und bei mittlerer Hitze etwa 5 Minuten köcheln lassen. Den Topf vom Herd nehmen und alles leicht abkühlen lassen.

5 Den Blätterteig auf einer bemehlten Arbeitsfläche leicht ausrollen und 4 Kreise in der Größe der Suppenschüsseln ausschneiden.

6 Den Backofen auf 225 °C (Ober- und Unterhitze) vorheizen.

7 Den Lachs in Streifen schneiden und auf die Suppenschüsseln verteilen. Die Hühnersuppe nochmals mit Salz und Pfeffer abschmecken und in die Suppenschüsseln über den Lachs gießen.

8 Den Rand der Schüsseln mit Eiweiß bestreichen. Die Blätterteigkreise auflegen. Den Teigrand fest andrücken und die Teigoberfläche mit Eigelb bestreichen. Den Blätterteig im Ofen 10–15 Minuten goldbraun backen.

9 Die Hühnersuppe mit Blätterteighaube aus dem Ofen nehmen und sofort servieren.

ZUTATEN FÜR 4 PERSONEN

400 g Hähnchenbrustfilet, küchenfertig und ohne Haut

1 Schalotte · 1 Knoblauchzehe

200 g frischer Blattspinat · 3 EL Butter

2 EL Mehl · 100 ml trockener Weißwein

700 ml Geflügelbrühe (Rezept siehe Seite 14)

50 ml Sahne

Salz · frisch gemahlener Pfeffer

frisch geriebene Muskatnuss

1 Rolle frischer Blätterteig

Mehl (für die Arbeitsfläche)

150 g Räucherlachs in Scheiben

1 Ei, getrennt

ZUBEREITUNGSZEIT: 40 MINUTEN
GARZEIT: 25 MINUTEN

Linseneintopf mit Kürbis

ZUTATEN FÜR 4 PERSONEN

250 g braune Linsen

50 g durchwachsener Räucherspeck

1 Zwiebel

1 Knoblauchzehe

1–2 EL Öl

1–2 Lorbeerblätter

1 l Gemüsebrühe (Rezept siehe S. 15)

600 g Kürbis (z. B. Hokkaido oder Butternuss)

3 Karotten

2 Orangen

2–3 Frühlingszwiebeln (zum Garnieren)

Salz

frisch gemahlener Pfeffer

ZUBEREITUNGSZEIT: 30 MINUTEN
EINWEICHZEIT: 12 STUNDEN
GARZEIT: 20 MINUTEN

1 Die Linsen über Nacht einweichen.

2 Den Speck klein würfeln. Die Zwiebel und den Knoblauch schälen, beides ebenfalls klein würfeln. Das Öl in einem Topf erhitzen und den Speck, die Zwiebel und den Knoblauch darin anbraten. Die Linsen und die Lorbeerblätter dazugeben und die Gemüsebrühe angießen. Alles auf-kochen und zugedeckt 15–20 Minuten bei niedriger Hitze kochen lassen.

3 Den Kürbis bei Bedarf schälen, dann halbieren, die Kerne entfernen und in 2–3 cm große Würfel schneiden. Die Karotten schälen und in dünne Scheiben schneiden.

4 Die Orangen schälen, dabei die weiße Haut vollständig entfernen, sonst wird der Eintopf bitter. Die Filets herauslösen und den austretenden Saft dabei auffangen. Die Frühlingszwiebeln putzen, waschen und in feine Ringe schneiden.

5 Den Kürbis und die Karotten etwa 5 Minuten vor Ende der Garzeit zu den Linsen geben, alles zugedeckt weiterkochen lassen. Die Orangenfilets mitsamt Saft unter den Eintopf rühren.

6 Den Linseneintopf mit Salz und Pfeffer kräftig abschmecken und mit den Frühlingszwiebelringen garniert servieren.

Gulaschsuppe

1 Das Fleisch waschen, trocken tupfen und in mundgerechte Stücke schneiden.

2 Die Zwiebeln schälen und fein hacken. Die Kartoffeln schälen und in kleine Würfel schneiden. Die Paprikaschoten halbieren, die Samen und die Scheidewände entfernen. Die Schoten waschen, abtrocknen, dann in kleine Würfel schneiden.

3 In einem Topf das Butterschmalz erhitzen und die Fleischwürfel portionsweise rundherum scharf anbraten. Das Fleisch mit Salz und Pfeffer würzen, anschließend mit Paprika bestauben und aus dem Topf nehmen.

4 Die Zwiebeln in dem Bratfett anschwitzen. Das Tomatenmark einrühren, kurz Farbe nehmen lassen, dann mit dem Rotwein ablöschen und die Brühe angießen.

5 Das Fleisch wieder einlegen, den Thymian dazugeben und die Gulaschsuppe bei mittlerer Hitze etwa 1 ½ Stunden schmoren lassen. Etwa 30 Minuten vor Ende der Garzeit die Kartoffeln und die Paprika dazugeben. Die Lorbeerblätter, den Kümmel und die Pfefferkörner nach Belieben in ein Gewürzsäckchen oder in einen Einwegteebeutel geben und in die Suppe legen.

6 Die Gewürzgurken gut abtropfen lassen und in kleine Würfelchen schneiden. Die Gewürze aus der Suppe wieder entfernen.

7 Die Gulaschsuppe mit Salz, Pfeffer und Gurkenflüssigkeit abschmecken und auf Suppenschalen verteilen. Mit je 1 Klecks Sauerrahm und Gurkenwürfeln garniert servieren.

ZUTATEN FÜR 4 PERSONEN

600 g Rindfleisch (Schulter), küchenfertig

3 Zwiebeln · 400 g festkochende Kartoffeln

1 rote Paprikaschote · 1 gelbe Paprikaschote

2 EL Butterschmalz

Salz · frisch gemahlener Pfeffer

edelsüßes Paprikapulver · 1 EL Tomatenmark

100 ml trockener Rotwein

1,2 l Rinderbrühe (Rezept siehe Seite 20)

1 TL frisch gehackter Thymian

2 Lorbeerblätter · 1 TL Kümmelsamen

2 Pfefferkörner

2 Gewürzgurken (mit Gurkenflüssigkeit)

2 EL Sauerrahm (zum Garnieren)

ZUBEREITUNGSZEIT: 50 MINUTEN
GARZEIT: 1 STUNDE 40 MINUTEN

Borschtsch

1 Die Zwiebel schälen und halbieren. Die Karotte schälen und in Scheiben schneiden. Den Sellerie putzen, waschen und in Scheiben schneiden.

2 Einen großen Topf mit 1,5 Liter Wasser aufsetzen. Die Knochen kalt abwaschen und zusammen mit dem Rindfleisch, der Zwiebel, der Karotte und dem Sellerie, Salz, den Pfefferkörnern, den Wacholderbeeren und dem Lorbeerblatt dazugeben. Die Brühe bei niedriger Hitze etwa 1 ½ Stunden leise köcheln lassen.

3 Den Sellerie schälen und grob reiben. Die Rote Bete schälen und in Scheiben schneiden. Die Zwiebeln schälen und würfeln, den Knoblauch schälen und fein hacken.

4 Das Fleisch aus der Brühe nehmen, von Fett und Sehnen befreien und würfeln. Die Brühe durch ein Sieb abgießen.

5 In einem großen Topf die Butter erhitzen und darin die Zwiebeln und den Knoblauch unter Rühren 3 Minuten anbraten. Den Sellerie und die Rote Bete dazugeben und 3 Minuten mitbraten. So viel Brühe aufgießen, bis das Gemüse bedeckt ist. Den Essig und den Zucker einrühren, alles mit Salz und Pfeffer würzen. Die Brühe bei geringer Hitze etwa 30 Minuten köcheln lassen.

6 Die Tomaten kreuzweise einritzen und mit kochendem Wasser überbrühen, mit kaltem Wasser abschrecken und enthäuten. Die Tomaten halbieren, die Kerne entfernen und das Fruchtfleisch hacken. Die Paprikaschote halbieren, die Samen und Scheidewände entfernen und die Schote in Streifen schneiden. Den Weißkohl putzen, waschen und fein hobeln oder mit einem Messer in feine Streifen schneiden.

7 Die Tomaten, die Paprika und den Kohl zum Rote-Bete-Gemüse in den Topf geben. Wieder so viel Brühe angießen, bis alles bedeckt ist und weitere 30 Minuten köcheln lassen.

8 Die Rindfleischwürfel unter das Gemüse mischen und darin heiß werden lassen. Den Borschtsch mit Essig, Zucker und Salz abschmecken, den Sauerrahm unterrühren. Nach Belieben Wurstscheiben und 1 gehackte Essiggurke vor dem Servieren in den Borschtsch geben und mit Petersilienblättchen garnieren.

ZUTATEN FÜR 4 PERSONEN

Für die Brühe:

1 Zwiebel · 1 Karotte · 1 Stange Sellerie

1 kg Rinderknochen · 750 g Rindfleisch zum Kochen (z. B. Schulter) · 1 TL Salz · 1 TL Pfefferkörner

1 TL Wacholderbeeren · 1 Lorbeerblatt

Für die Suppe:

200 g Knollensellerie · 500 g Rote Bete

2 Zwiebeln · 1 Knoblauchzehe · 1 EL Butter

3 EL Weinessig · 1 Prise Zucker · Salz

frisch gemahlener Pfeffer · 400 g Tomaten

1 rote Paprikaschote · 250 g Weißkohl

2 EL Sauerrahm · Wurstscheiben (nach Belieben)

1 Essiggurke, gehackt · 2 EL frische Petersilie (zum Garnieren)

ZUBEREITUNGSZEIT: 30 MINUTEN
GARZEIT: 2 STUNDEN 30 MINUTEN

Käsecremesuppe

mit Käsesternen

ZUTATEN FÜR 4 PERSONEN

Für die Käsesterne:

6 EL Hartkäse, frisch gerieben

100 g Mehl · Salz · 1 Ei

45 g Butter

Mehl (für die Arbeitsfläche)

Für die Suppe:

1 Schalotte · 1 Knoblauchzehe

2 ½ EL Butter · 2 ½ EL Mehl

80 ml trockener Weißwein

700 ml Gemüsebrühe
(Rezept siehe Seite 15)

Saft und Schale von
1 unbehandelten Orange

100 ml Sahne

100 g reifer Gouda

50 g Greyerzer

2 EL Crème fraîche

Salz · frisch gemahlener Pfeffer

frisch geriebene Muskatnuss

2 EL Schnittlauchröllchen
(zum Garnieren)

ZUBEREITUNGSZEIT: 40 MINUTEN
KÜHLZEIT: 30 MINUTEN
BACK- UND GARZEIT: 30 MINUTEN

1 Für die Sterne 4 Esslöffel Käse mit dem Mehl und 1 Prise Salz mischen. Das Mehl auf die Arbeitsfläche häufen, in die Mitte eine Mulde drücken. Das Ei hineinschlagen und die Butter in Flöckchen um die Mulde herum verteilen. Mit den Händen die Zutaten rasch zu einem glatten Teig verkneten. Den Teig zu einer Kugel formen, in Frischhaltefolie wickeln und 30 Minuten in den Kühlschrank stellen.

2 Den Backofen auf 180 °C (Ober- und Unterhitze) vorheizen.

3 Den Teig auf einer bemehlten Arbeitsfläche ausrollen und mit Plätzchenausstechern Sterne in verschiedenen Größen ausstechen oder mit einem Messer ausschneiden.

4 Die Sterne auf ein mit Backpapier ausgelegtes Backblech legen, mit dem restlichen Hartkäse bestreuen und im Ofen etwa 12 Minuten backen. Anschließend die Sterne herausnehmen und auskühlen lassen.

5 Für die Suppe die Schalotte sowie den Knoblauch schälen und fein hacken. In einem Topf die Butter zerlassen und darin die Schalotte und den Knoblauch glasig schwitzen. Alles mit dem Mehl bestauben, leicht Farbe nehmen lassen und unter Rühren mit dem Wein ablöschen.

6 Die Brühe, den Orangensaft und die Sahne angießen. Die Orangenschale dazugeben und die Suppe etwa 5 Minuten bei mittlerer Hitze köcheln lassen.

7 Den Gouda und den Greyerzer fein reiben, unterrühren und in der Suppe schmelzen lassen. Die Suppe weitere 4 Minuten unter ständigem Rühren köcheln lassen, dann die Crème fraîche einrühren. Anschließend die Suppe mit Salz, Pfeffer und Muskat abschmecken.

8 Die Käsecremesuppe mit Schnittlauchröllchen bestreut servieren. Die Käsesterne separat dazu reichen.

Alles aus einem Topf

Gemüse-Fleisch-Topf

ZUTATEN FÜR 4 PERSONEN

Für die Brühe:

1 Bund Suppengrün
(¼ Knolle Sellerie, 1 Karotte,
½ Stange Lauch)

1 Zwiebel

3 Tomaten

300 g Rindfleisch (Suppenfleisch)

200 g Rinderknochen

1 Lorbeerblatt

1 TL Pfefferkörner

Salz

Für die Einlage:

250 g festkochende Kartoffeln

200 g Karotten

200 g Knollensellerie

200 g Weißkohl

1 Stange Lauch

2 Stängel Liebstöckel

2 Stängel Petersilie

1 EL Pflanzenöl

Salz

frisch gemahlener Pfeffer

ZUBEREITUNGSZEIT: 40 MINUTEN
GARZEIT: 2 STUNDEN 30 MINUTEN

1 Den Sellerie und die Karotte vom Suppengrün schälen, den Lauch putzen und waschen. Die Zwiebel schälen und mit dem Suppengrün grob zerkleinern. Die Tomaten waschen und halbieren.

2 Die Tomaten mit dem Suppengrün und der Zwiebel in einen Topf geben. Das Fleisch und die Knochen waschen und in den Topf legen, mit 1,5 Liter kaltem Wasser auffüllen. Das Lorbeerblatt, die Pfefferkörner und 1 Teelöffel Salz zum Fleisch geben.

3 Das Wasser bei niedriger bis mittlerer Hitze langsam zum Kochen bringen. Den Deckel leicht schräg auf den Topf legen, die Herdplatte auf die niedrigste Temperatur stellen und alles etwa 2 Stunden köcheln lassen.

4 Das Fleisch aus der Brühe nehmen, abtropfen lassen, bei Bedarf von Fett befreien und für die Einlage in kleine Würfel schneiden.

5 Die Brühe durch ein mit einem Küchentuch ausgelegtes Sieb passieren. Die Brühe abkühlen lassen und das auf der Oberfläche schwimmende Fett bei Bedarf abschöpfen.

6 Für die Einlage die Kartoffeln, die Karotten und den Sellerie schälen. Die Kartoffeln in Scheiben, die Karotten sowie den Sellerie in kleine Würfel schneiden. Vom Kohl die äußeren Blätter entfernen. Den Strunk herausschneiden und den Kohl vierteln, dann in feine Streifen schneiden oder hobeln. Den Lauch putzen, waschen, abtrocknen und in schmale Ringe schneiden. Den Liebstöckel und die Petersilie waschen und trocken tupfen. Die Blättchen abzupfen, dann fein hacken.

7 In einem Topf das Öl erhitzen und das Gemüse darin kurz anschwitzen. Das Gemüse mit 1,4 Liter passierter Rinderbrühe aufgießen, mit Salz und Pfeffer würzen, dann bei mittlerer Hitze 15–20 Minuten köcheln lassen.

8 Das gewürfelte Fleisch in den Gemüsetopf geben. Die Kräuter unterrühren, den Gemüse-Fleisch-Topf kurz erwärmen und servieren.

Pichelsteiner Topf

1 Das Fleisch unter fließendem kaltem Wasser abwaschen, trocken tupfen und in mundgerechte Würfel schneiden.

2 Den Sellerie, den Kohlrabi und die Petersilienwurzel schälen und in Würfel schneiden. Die Bohnen putzen und waschen. Den Blumenkohl in Röschen zerteilen. Die Frühlingszwiebeln putzen, waschen und in 3–4 cm lange Stücke schneiden.

3 Den Rosenkohl putzen und am Strunk kreuzweise einschneiden. Den Weißkohl halbieren, die äußeren Blätter entfernen und putzen. Den Strunk herausschneiden und den Kohl in Streifen schneiden. Die Zucchini putzen, waschen, vierteln und in dicke Scheiben schneiden.

4 Das gesamte Gemüse abwechselnd mit den Fleischwürfeln schichtweise in einen Topf geben. Die Schichten jeweils mit Salz, Pfeffer, Majoran und Muskat würzen. Alles mit der Brühe bedecken und etwa 1 Stunde bei niedriger Hitze zugedeckt leise köcheln lassen.

5 Den Pichelsteiner Topf mit Salz und Pfeffer abschmecken und mit Petersilie bestreut servieren.

ZUTATEN FÜR 4 PERSONEN

600 g Rindfleisch (am besten magere
Hochrippe ohne Knochen)

100 g Knollensellerie · 1 Kohlrabi

1 Petersilienwurzel · 200 g grüne Bohnen

100 g Blumenkohl · 2 Frühlingszwiebeln

150 g Rosenkohl · 150 g Weißkohl · 1 Zucchini

Salz · frisch gemahlener Pfeffer

getrockneter Majoran

frisch geriebene Muskatnuss

800 ml Fleischbrühe (Rezept siehe Seite 20)

1 EL frisch gehackte Petersilie (zum Garnieren)

ZUBEREITUNGSZEIT: 30 MINUTEN
GARZEIT: 1 STUNDE

Bohneneintopf

1 Die Zwiebel schälen und in Spalten oder Streifen schneiden. Den Knoblauch schälen und fein hacken.

2 Die Bohnen putzen und waschen. Große Exemplare ein- oder mehrmals durchschneiden.

3 Den Kohlrabi, die Karotte und die Kartoffeln schälen, waschen und in etwa gleich große, mundgerechte Stücke schneiden.

4 Das Öl in einem Topf erhitzen. Die Zwiebel und den Knoblauch darin glasig anschwitzen. Die Bohnen, den Kohlrabi, die Karotte und die Kartoffeln dazugeben und mitschwitzen.

5 Den Zitronensaft und das Tomatenmark unter das Gemüse rühren, mit der Gemüsebrühe und den gestückelten Tomaten auffüllen. Den Eintopf mit Salz und Pfeffer würzen, dann bei mittlerer Hitze etwa 20 Minuten köcheln lassen.

6 Den Bohneneintopf mit Zucker, Kreuzkümmel und Cayennepfeffer abschmecken und in vorgewärmten Suppenschalen servieren.

ZUTATEN FÜR 4 PERSONEN

1 große Zwiebel · 1 Knoblauchzehe

150 g grüne Bohnen · 150 g Kohlrabi

1 Karotte · 200 g festkochende Kartoffeln

2 EL Öl · 2 EL Zitronensaft · 2 EL Tomatenmark

600 ml Gemüsebrühe (Rezept siehe Seite 15)

300 g gestückelte Tomaten (aus der Dose)

Salz · frisch gemahlener Pfeffer · Zucker

1 Msp. gemahlener Kreuzkümmel · 1 Prise Cayennepfeffer

ZUBEREITUNGSZEIT: 40 MINUTEN
GARZEIT: 25 MINUTEN

TIPP

Tomaten aus der Dose werden aus sonnengereiften Tomaten hergestellt. Sie geben Suppen und Eintöpfen ein intensives Aroma, da sie weniger Wasser als frische Tomaten haben. Sie können auch reife frische Tomaten enthäuten und stückeln.

Rindfleischeintopf

mit Schalotten

ZUTATEN FÜR 4 PERSONEN

150 g geräucherter Bauchspeck

2 EL Pflanzenöl

600 g Rindfleisch
(aus der Schulter), küchenfertig

Salz

frisch gemahlener Pfeffer

edelsüßes Paprikapulver

5 EL Rotweinessig

1 Karotte

¼ Knolle Sellerie

300 g Schalotten

4 Knoblauchzehen

1 EL Tomatenmark

100 ml trockener Rotwein

50 ml Portwein

1 l Rinderbrühe
(Rezept siehe Seite 20)

3 Lorbeerblätter

2 Pimentkörner

1 Zimtstange

2 Gewürznelken

1 TL frisch gehackter Thymian

1 TL frisch gehackter Rosmarin

frische Lorbeerblätter
(zum Garnieren)

ZUBEREITUNGSZEIT: 45 MINUTEN
GARZEIT: 1 STUNDE 40 MINUTEN

1 Den Speck in Streifen schneiden. Das Öl in einem Topf erhitzen und den Speck darin anbraten, herausnehmen und in einer Schüssel beiseitestellen.

2 Das Fleisch waschen, trocken tupfen, bei Bedarf von Fett und Sehnen befreien (parieren) und in mundgerechte Würfel schneiden. Die Fleischwürfel portionsweise in dem heißen Speckfett anbraten, mit Salz, Pfeffer und Paprika würzen, dann mit dem Essig ablöschen. Die Flüssigkeit auf die Hälfte reduzieren. Anschließend das Fleisch zu dem Speck geben.

3 Die Karotte und den Sellerie schälen, dann fein würfeln. Die Schalotten und den Knoblauch schälen.

4 Die Gemüsewürfel und die Schalotten in dem Fett, in dem das Fleisch angebraten wurde, anschwitzen. Den Knoblauch dazupressen und das Tomatenmark unterrühren. Alles kurz mitschwitzen, dann mit dem Rot- und dem Portwein ablöschen. Den Wein fast vollständig reduzieren, anschließend die Brühe angießen.

5 Das Fleisch und den Speck wieder einlegen und bei mittlerer Hitze etwa 1 ½ Stunden schmoren. Nach der Hälfte der Garzeit die Lorbeerblätter, die Pimentkörner, die Zimtstange sowie die Nelken in ein Gewürzsäckchen oder Einwegteebeutel geben und verschließen. Den Thymian und den Rosmarin in den Eintopf rühren, das Gewürzsäckchen in die Mitte des Eintopfs legen.

6 Nach dem Ende der Garzeit das Gewürzsäckchen entfernen. Den Rindfleischeintopf mit Salz und Pfeffer abschmecken, nach Belieben mit Lorbeerblättern garnieren und servieren.

Gemüseeintopf
mit Wurst

1 Die Karotten und die Kartoffeln schälen und in kleine Würfel schneiden. Die äußeren Blätter vom Wirsing entfernen, die anderen Blätter waschen. Die harten Blattrippen flach schneiden und den Wirsing in breite Streifen schneiden.

2 Die Wurst schräg in Scheiben schneiden.

3 Den Sellerie putzen, waschen und in feine Ringe schneiden. Die Zwiebel und den Knoblauch schälen und würfeln.

4 In einem Topf die Butter zerlassen und die Zwiebel mit dem Knoblauch darin glasig schwitzen. Die Karotten, die Kartoffeln, den Wirsing und den Sellerie dazugeben, kurz mitschwitzen und die Brühe angießen.

5 Die Linsen, die Tomaten, die Lorbeerblätter und die Pfefferkörner in den Eintopf rühren und diesen mit Salz und Pfeffer würzen. Alles bei mittlerer Hitze etwa 25 Minuten garen.

6 Etwa 10 Minuten vor Ende der Garzeit die Wurst in den Eintopf geben und erwärmen. Den Gemüseeintopf mit Salz und Pfeffer abschmecken und servieren.

ZUTATEN FÜR 4 PERSONEN

200 g Karotten

200 g Kartoffeln

300 g Wirsing

300 g Wurst (z. B. Krakauer)

2 Stangen Sellerie

1 Zwiebel

1 Knoblauchzehe

2 EL Butter

0,9–1 l Fleischbrühe (Rezept siehe Seite 15)

200 g Belugalinsen · 200 g Kirschtomaten

2 Lorbeerblätter · 3 Pfefferkörner

Salz · frisch gemahlener Pfeffer

ZUBEREITUNGSZEIT: 40 MINUTEN
GARZEIT: 30 MINUTEN

Hackfleisch-Bohnen-Eintopf
mit Maisbrot

1 Für das Maisbrot den Ofen auf 180 °C (Umluft) vorheizen. Die Kastenform ausbuttern und mit dem Mehl bestauben.

2 Den Grieß mit den beiden Mehlsorten, dem Backpulver und Salz in einer Schüssel vermengen. Die Milch, die Eier, die Butter und den Zucker dazugeben und alles mit einem Rührgerät zu einem geschmeidigen Teig verrühren. Den Teig in die Kastenform füllen, glatt streichen und im Ofen etwa 45 Minuten goldbraun backen. Sollte das Brot zu schnell dunkel werden, mit Alufolie abdecken.

3 Das Brot aus dem Ofen nehmen, kurz abkühlen lassen, dann aus der Form nehmen und auf einem Kuchengitter vollständig auskühlen lassen.

4 Für den Hackfleisch-Bohnen-Eintopf die Zwiebeln schälen und grob würfeln. Die Chilischoten (falls verwendet) halbieren, die Samen und die Scheidewände entfernen. Die Schoten waschen und hacken. Den Staudensellerie putzen, waschen und würfeln. Die Karotte schälen und ebenfalls klein würfeln. Die Paprikaschoten halbieren, dann putzen und die Samen sowie die Scheidewände entfernen. Die Schoten waschen und in kurze Streifen schneiden.

5 Das Öl in einem Topf erhitzen. Die Chili und die Zwiebeln darin anschwitzen. Das Hackfleisch dazugeben und krümelig anbraten. Den Sellerie, die Paprika und die Karotte unterrühren. Den Knoblauch schälen und dazupressen. Das Tomatenmark dazugeben und kurz mit anschwitzen. Alles mit der Brühe ablöschen. Das Paprikapulver untermischen und den Eintopf unter gelegentlichem Rühren etwa 45 Minuten köcheln lassen. Bei Bedarf noch etwas Flüssigkeit dazugeben.

6 Nach Ende der Garzeit die Bohnen waschen, abtropfen lassen und in den Eintopf rühren. Den Eintopf nochmals etwa 10 Minuten köcheln lassen. Die Frühlingszwiebel putzen, waschen, in Ringe schneiden und in den Eintopf geben.

7 Den Eintopf mit Salz und Pfeffer abschmecken, in Suppenschalen füllen und jeweils 1 Klecks Sauerrahm daraufgeben. Die Schokolade hacken. Den Hackfleisch-Bohnen-Eintopf mit Zartbitterschokolade bestreuen und servieren. Das Maisbrot dazu reichen.

ZUTATEN FÜR 4 PERSONEN

Für das Maisbrot (für 1 Kastenform):

Butter und Mehl (für die Form) · 350 g Maisgrieß
325 g Weizenmehl · 75 g Buchweizenmehl

1 TL Backpulver · 1 EL Salz · ½ l Milch · 2 Eier
50 g Butter · 4 EL brauner Zucker

Für den Hackfleisch-Bohnen-Eintopf:

2 Zwiebeln · 2–3 rote Chilischoten (nach Belieben)

2 Stangen Sellerie · 1 Karotte · 2 rote Paprikaschoten
3 EL Öl · 600 g Hackfleisch, gemischt · 2 Knoblauchzehen

2 EL Tomatenmark · etwa 500 ml Fleischbrühe
(Rezept siehe Seite 20) · 2 TL edelsüßes Paprikapulver

250 g Kidneybohnen (aus der Dose) · 1 Frühlingszwiebel · Salz · frisch gemahlener Pfeffer

200 g Sauerrahm · 100 g Zartbitterschokolade

ZUBEREITUNGSZEIT: 1 STUNDE
BACKZEIT: 45 MINUTEN / GARZEIT CHILI: 50 MINUTEN

Fleischtopf
mit Kohl und Kartoffelkruste

600 g Rindfleisch
(aus der Schulter)

800 g Weißkohl

2 Schalotten

1 Stange Lauch

2 EL Pflanzenöl

Salz

frisch gemahlener Pfeffer

2 TL Kümmelsamen

400 ml Gemüsebrühe
(Rezept siehe Seite 15)

500 g festkochende Kartoffeln

400 ml Sahne
(mindestens 30 % Fett)

3 Eier

75 g Bergkäse, frisch gerieben

frisch geriebene Muskatnuss

ZUBEREITUNGSZEIT: 40 MINUTEN
GARZEIT: 1 STUNDE 30 MINUTEN

1 Den Backofen auf 200 °C (Ober- und Unterhitze) vorheizen.

2 Das Fleisch waschen, trocken tupfen, von Fett und Sehnen befreien (parieren), dann in mundgerechte Würfel schneiden.

3 Den Kohl putzen, die äußeren Blätter entfernen. Den Kohl vierteln, waschen, von dem harten Strunk befreien und die Kohlviertel in feine Streifen schneiden. Die Schalotten schälen und in Streifen schneiden. Den Lauch putzen, halbieren, unter fließendem Wasser waschen und in schmale Streifen schneiden.

4 In einer Pfanne das Öl erhitzen und das Fleisch darin rundherum scharf anbraten. Die Fleischwürfel herausnehmen. Die Schalotten mit dem Kohl und dem Lauch in die Pfanne geben und 3–4 Minuten unter Rühren anbraten. Das Gemüse anschließend mit Salz, Pfeffer und Kümmel kräftig würzen.

5 In einen Bräter die Hälfte der Kohl-Lauch-Mischung einschichten, mit der Hälfte der Brühe begießen. Das Fleisch daraufgeben und mit dem übrigen Kohlgemüse bedecken. Die restliche Brühe darübergießen und den Eintopf im Ofen bei geschlossenem Deckel 1 Stunde schmoren.

6 Die Kartoffeln schälen, waschen und in dünne Scheiben hobeln. Die Sahne mit den Eiern in einer Schüssel verquirlen. Den Käse unterrühren. Die Kartoffelscheiben mit der Käsemischung vermengen und alles mit Salz, Pfeffer und Muskat würzen.

7 Die Kartoffelmasse über dem Fleischtopf verteilen und alles weitere 30 Minuten im Ofen backen. Den Fleischtopf herausnehmen und sofort servieren.

Rindfleisch in Rotwein

ZUTATEN FÜR 4 PERSONEN

800 g Rindfleisch (aus der Schulter), küchenfertig

100 g geräucherter Bauchspeck

Pflanzenöl (zum Braten)

Salz

frisch gemahlener Pfeffer

edelsüßes Paprikapulver

300 g Zwiebeln

1 EL Tomatenmark

500 ml trockener Rotwein

200 ml Rinderbrühe (Rezept siehe Seite 20)

300 g junge, kleine festkochende Kartoffeln

1 Karotte

½ Stange Lauch

200 g Champignons

2 Lorbeerblätter

3 Pfefferkörner

1 Streifen Schale von einer unbehandelten Zitrone

2 EL grob gehackte Petersilie (zum Garnieren)

frisches Baguette (nach Belieben zum Servieren)

ZUBEREITUNGSZEIT: 50 MINUTEN
GARZEIT: 2 STUNDEN 30 MINUTEN

1 Das Fleisch waschen, trocken tupfen und in mundgerechte Stücke schneiden. Den Speck in kleine Würfel schneiden.

2 In einem Topf 2 Esslöffel Öl erhitzen und darin den Speck knusprig braten, dann herausnehmen und in einer Schüssel beiseitestellen. Das Fleisch in dem Speckfett portionsweise rundherum anbraten, dann mit Salz, Pfeffer und Paprika würzen. Die Fleischwürfel herausnehmen und zu dem Speck geben.

3 Die Zwiebeln schälen, fein hacken und in dem Fett, in dem das Fleisch gebraten wurde, anschwitzen. Das Tomatenmark einrühren, kurz Farbe nehmen lassen, dann das Fleisch mit dem Speck wieder dazugeben. Den Wein sowie die Brühe angießen. Das Fleisch bei niedriger Hitze etwa 1 ½ Stunden schmoren lassen.

4 In der Zwischenzeit die Kartoffeln waschen und halbieren. Die Karotte schälen und in Stifte schneiden. Den Lauch längs vierteln, waschen und in 3 cm lange Stücke teilen. Die Pilze putzen und klein schneiden.

5 In einer Pfanne 2 Esslöffel Öl erhitzen und darin das Gemüse und die Pilze kurz anbraten. Die Lorbeerblätter, die Pfefferkörner und die Zitronenschale in ein Gewürzsäckchen oder einen Einwegteebeutel füllen und mit dem Gemüse sowie den Pilzen nach Ende der Garzeit zum Fleisch geben. Den Eintopf weitere 45 Minuten bei niedriger Hitze schmoren lassen.

6 Die Gewürze wieder entfernen. Das Rindfleisch mit Salz und Pfeffer abschmecken und mit frisch gehackter Petersilie bestreut servieren. Nach Belieben frisches Baguette dazu reichen.

Bohnen-Zucchini-Gulasch
mit Graupen

1 Die Graupen in einem Sieb kalt abwaschen, abtropfen lassen und in kochendem Salzwasser 40–45 Minuten garen.

2 Das Fleisch waschen, trocken tupfen, von Fett und Sehnen befreien (parieren) und dann in mundgerechte Stücke schneiden.

3 Die Zucchini putzen, waschen, der Länge nach vierteln und in 1 cm breite Scheiben schneiden. Die Wachsbohnen putzen, waschen, dann die Enden abschneiden. Die Bohnen in kochendem Salzwasser 2 Minuten blanchieren, herausnehmen, mit kaltem Wasser abschrecken und gut abtropfen lassen.

4 In einem Topf das Öl erhitzen und darin das Fleisch rundherum scharf anbraten. Die Fleischstücke mit Mehl bestauben. Das Tomatenmark unterrühren, kurz Farbe nehmen lassen und alles mit dem Rotwein ablöschen.

5 Die Zucchini und die Bohnen zum Rindfleisch geben. Die Brühe angießen, alles mit Salz, Pfeffer und Paprika würzen. Das Gulasch bei mittlerer Hitze etwa 15 Minuten schmoren lassen.

6 Nach Ende der Garzeit das Gulasch erneut mit Salz und Pfeffer abschmecken und in vorgewärmten Suppenschalen anrichten. Die gegarten Graupen abgießen, abtropfen lassen und zum Gulasch servieren.

ZUTATEN FÜR 4 PERSONEN

300 g Graupen

Salz

600 g Rindfleisch (aus der Keule)

1 Zucchini

300 g frische Wachsbohnen

2 EL Pflanzenöl

1 EL Mehl

1 EL Tomatenmark

150 ml trockener Rotwein

350 ml Rinderbrühe (Rezept siehe Seite 20)

frisch gemahlener Pfeffer

edelsüßes Paprikapulver

ZUBEREITUNGSZEIT: 45 MINUTEN
GARZEIT: 45 MINUTEN

Ochsenschwanzragout

1 Die Zwiebeln schälen und fein würfeln.

2 Die Ochsenschwanzstücke waschen, trocken tupfen und mit Salz sowie Pfeffer würzen.

3 In einem Bräter das Öl erhitzen und das Fleisch darin rundherum scharf anbraten. Die Zwiebeln mitschwitzen. Das Tomatenmark unterrühren, kurz Farbe nehmen lassen und alles mit dem Rotwein ablöschen. Die Flüssigkeit etwas reduzieren, dann die Brühe angießen. Das Ragout bei mittlerer Hitze etwa 2 Stunden schmoren lassen.

4 Die Karotten schälen und klein würfeln. Den Sellerie putzen, waschen und in schmale Scheiben schneiden.

5 Nach 1 ½ Stunden Garzeit die Karotten, den Sellerie, den Thymian, das Lorbeerblatt, die Wacholderbeeren und die Orangenschale in das Ragout geben. Alles mit Salz und Pfeffer würzen.

6 Am Ende der Garzeit das Ochsenschwanzragout noch einmal mit Salz und Pfeffer abschmecken und mit Petersilie bestreut servieren.

ZUTATEN FÜR 4 PERSONEN

4 Zwiebeln

2 kg Ochsenschwanz, in kleine Stücke geteilt

Salz · frisch gemahlener Pfeffer

2 EL Pflanzenöl · 1 EL Tomatenmark

200 ml trockener Rotwein

400–500 ml Fleischbrühe (Rezept siehe Seite 20)

3 Karotten · 2 Stangen Sellerie

1 EL frisch gehackter Thymian

1 Lorbeerblatt · 4–5 Wacholderbeeren

2 breite Streifen Schale von einer unbehandelten Orange

2 EL frisch gehackte Petersilie (zum Garnieren)

ZUBEREITUNGSZEIT: 50 MINUTEN
GARZEIT: 2 STUNDEN 10 MINUTEN

Kalbsragout

ZUTATEN FÜR 4 PERSONEN

1 kg Kalbsschulter, ausgelöst

2 Kalbsknochen

250 ml trockener Weißwein

Salz

1 Zwiebel

4 Gewürznelken

3 Karotten

1 Knoblauchzehe

1 Kräutersträußchen (z. B. Petersilie, Lorbeerblatt, Thymian)

1 TL Pfefferkörner

5 EL Butter

2 EL Mehl

1 Stange Lauch

200 g kleine Zwiebeln (z. B. Perlzwiebeln)

1 Eigelb

100 g Crème fraîche

2 EL frisch gehackte Petersilie

Zitronensaft

frisch gemahlener bunter Pfeffer

gehackte Petersilie (zum Garnieren)

Reis (nach Belieben zum Servieren)

ZUBEREITUNGSZEIT: 1 STUNDE
GARZEIT: 2 STUNDEN 10 MINUTEN

1 Die Kalbsschulter sowie die Knochen waschen und trocken tupfen. Beides in einen großen Topf geben, den Wein angießen. Den Topf mit so viel Wasser auffüllen, bis das Fleisch und die Knochen bedeckt sind. Den Sud mit Salz würzen, dann aufkochen und den dabei entstehenden Schaum mit einem Schaumlöffel entfernen.

2 Die Zwiebel schälen und mit den Nelken spicken. Die Karotten schälen, 1 davon beiseitelegen. Die anderen Karotten in grobe Würfel schneiden. Den Knoblauch schälen.

3 Die Zwiebel, die Karottenwürfel und den Knoblauch mit dem Kräutersträußchen in den Sud geben. Die Pfefferkörner einstreuen und alles zugedeckt bei niedriger Hitze 1 ½–2 Stunden köcheln lassen.

4 Die Hälfte der Butter in einem weiteren Topf zerlassen. Das Mehl darüberstauben, aufschäumen lassen, dann mit etwas Kochsud ablöschen. Die Mischung vom Herd nehmen und abkühlen lassen.

5 Den Lauch putzen, waschen und in feine Würfel schneiden. Die Zwiebeln schälen. Die übrige Karotte ebenfalls fein würfeln. In einem weiteren Topf 1 Esslöffel Butter zerlassen und darin den Lauch, die Zwiebeln und die Karotte glasig anschwitzen. Das Gemüse mit etwas Kochsud ablöschen und 2–3 Minuten leise köcheln lassen.

6 Nach Ende der Kochzeit das Kalbfleisch aus dem Topf heben und abtropfen lassen. Das Fleisch in große Würfel schneiden. Die restliche Butter in einer Pfanne erhitzen und darin das Fleisch rundherum braun anbraten.

7 Die Kalbsknochen aus dem Sud nehmen. Den Sud durch ein Sieb passieren, es sollte etwa 400 ml ergeben. Den Schmortopf beiseitestellen. Den Sud mit einem Schneebesen in die Butter-Mehl-Mischung rühren und aufkochen lassen. Die Sauce je nach gewünschter Konsistenz einköcheln oder etwas Sud dazugießen.

8 Das Eigelb mit der Crème fraîche und 2–3 Esslöffeln der Sauce verrühren. Die Eimischung in die eingekochte Sauce rühren und nicht mehr kochen lassen. Das Kalbfleisch, die Petersilie und das Gemüse in den Schmortopf geben und die Sauce dazugießen. Das Ragout bei niedriger Hitze noch einmal erwärmen, aber nicht kochen lassen.

9 Das Kalbsragout mit Salz, Zitronensaft und Pfeffer abschmecken, mit Petersilie bestreuen und nach Belieben Reis dazu servieren.

Hähnchengulasch
mit Blätterteiggebäck

ZUTATEN FÜR 4 PERSONEN

1 unbehandelte Zitrone

2 Knoblauchzehen

1 Zwiebel

1 Hähnchen, küchenfertig

20 g Butter

1 EL Öl

Salz

frisch gemahlener Pfeffer

250 ml trockener Weißwein

4 Platten TK-Blätterteig

1 Eigelb

250 ml Sahne
(mindestens 30 % Fett)

Petersilie (zum Garnieren)

ZUBEREITUNGSZEIT:
1 STUNDE 10 MINUTEN
GARZEIT: 55 MINUTEN

1 Die Zitrone heiß waschen, trocken reiben und etwas Schale abschälen, dabei keine weiße Haut mit abschälen. Die Schale in feine Streifen schneiden, es sollte 2 Esslöffel ergeben. Falls vorhanden, die Schale mit einem Zestenreißer abschälen. Die restliche Zitronenschale fein abreiben. Aus der Zitrone die Filets zwischen den Trennhäuten herausschneiden, dabei den austretenden Saft auffangen. Die restliche Zitrone gut ausdrücken.

2 Den Knoblauch und die Zwiebel schälen, beides klein schneiden. Das Hähnchen innen und außen waschen und trocken tupfen. Das ganze Hähnchen in Flügel, Keulen und Brust zerlegen.

3 Den Backofen auf 180 °C (Umluft) vorheizen.

4 Die Butter mit dem Öl in einem Bräter erhitzen. Die Hähnchenteile mit Salz und Pfeffer einreiben und in dem Fett bei großer Hitze rundherum goldbraun anbraten. Den Knoblauch und die Zwiebel dazugeben und alles weitere 10 Minuten bei mittlerer Hitze mitbraten.

5 Die abgeriebene Zitronenschale, den Zitronensaft und den Weißwein zum Fleisch geben, aufkochen und im Ofen zugedeckt 40 Minuten garen.

6 Die Blätterteigplatten antauen lassen. Aus dem Teig 4 Kreise (à etwa 10 cm Durchmesser) ausstechen und mit Abstand auf ein mit Backpapier ausgelegtes Backblech setzen. Das Eigelb mit 2 Esslöffeln Sahne verquirlen und die Teigkreise damit bestreichen. Die Kreise etwa 15 Minuten vor Garzeitende zum Hähnchen in den Ofen schieben und goldbraun backen.

7 Das Blätterteiggebäck und das Hähnchen aus dem Ofen nehmen. Die Hähnchenteile aus dem Bräter heben. Die Bratensauce in einen Topf abgießen und mit einem Pürierstab pürieren, dabei die restliche Sahne unterrühren. Die Sauce etwa 5 Minuten leicht sämig einköcheln, dann mit Salz und Pfeffer abschmecken.

8 Die Hähnchenbrustfilets mit der Haut vom Knochen lösen und im ausgeschalteten Ofen warm halten. Von den restlichen Hähnchenteilen die Haut entfernen. Das Fleisch von den Knochen lösen. Das Fleisch in Stücke schneiden und in der Sahnesauce erwärmen.

9 Zum Servieren die Hähnchenbrustfilets in Scheiben schneiden, mit den Zitronenfilets in die Sauce geben und das Hähnchengulasch in Schalen anrichten. Das Blätterteiggebäck mit den Zitronenschalenstreifen bestreuen, mit Petersilie garnieren und zum Hähnchengulasch servieren.

Hähncheneintopf
mit Karotten und Wirsing

ZUTATEN FÜR 4 PERSONEN

1 Suppenhuhn

1 Bund Suppengrün
(¼ Knolle Sellerie, 1 Karotte,
½ Stange Lauch)

2 Zwiebeln

1 TL Salz · 2 Lorbeerblätter

3–4 Gewürznelken

1 TL weiße Pfefferkörner

½ TL Wacholderbeeren

4 Karotten · 500 g Wirsing

3 Stangen Sellerie · frisch gemahlener Pfeffer

ZUBEREITUNGSZEIT: 45 MINUTEN
GARZEIT: 2 STUNDEN 25 MINUTEN

1 Für die Brühe das Huhn innen und außen waschen, trocken tupfen und in einen Topf legen.

2 Den Knollensellerie und die Karotte vom Suppengrün schälen, den Lauch putzen und waschen. Das Suppengrün grob teilen. 1 Zwiebel schälen, ebenfalls grob teilen und mit dem Suppengemüse um das Huhn verteilen. Alles mit Salz würzen, 2,5 Liter Wasser angießen und zum Kochen bringen.

3 Den Sud bei niedriger Hitze etwa 2 Stunden leicht köcheln lassen. Bei Bedarf den entstehenden Schaum mit einem Schaumlöffel abschöpfen.

4 Nach etwa 1 ½ Stunden Garzeit die Lorbeerblätter, die Nelken, die Pfefferkörner und die Wacholderbeeren in ein Gewürzsäckchen oder einen Einwegteebeutel füllen und mit in die Brühe geben. Bei Bedarf noch ein wenig Flüssigkeit nachgießen.

5 Die Karotten schälen und schräg in Stücke teilen. Den Wirsing halbieren, die äußeren Blätter entfernen. Die Hälften putzen, waschen und in breite Streifen schneiden. Den Sellerie putzen, waschen und in Scheiben schneiden. Die übrige Zwiebel schälen und in Streifen schneiden.

6 Nach Ende der Kochzeit das Huhn aus der Brühe nehmen, dann leicht abkühlen lassen. Die Haut entfernen. Das Fleisch von den Knochen lösen und in mundgerechte Stücke schneiden. Die Brühe durch ein Sieb abgießen, davon 800 ml abmessen.

7 Die Brühe in einen Topf gießen und mit den Karotten, dem Wirsing, dem Sellerie und der Zwiebel erneut aufkochen. Den Eintopf 20 Minuten köcheln lassen, das Fleisch dazugeben und erwärmen.

8 Den Hähncheneintopf mit Salz und Pfeffer abschmecken und in Schalen angerichtet servieren.

Hähnchen in Wein
mit grünem Spargel

1 Das Hähnchen waschen, trocken tupfen und in 8 Teile zerlegen. Den Speck in kleine Würfel schneiden.

2 Die Zwiebeln und die Karotten schälen. Das untere Drittel des Spargels schälen, die holzigen Enden abschneiden. Die Stangen in 5 cm lange Stücke schneiden. Den Knoblauch schälen und fein hacken. Die Pilze putzen und größere Exemplare klein schneiden.

3 In einem Bräter das Öl erhitzen und den Speck darin knusprig braten, herausnehmen und auf Küchenpapier abtropfen lassen.

4 Die Hähnchenteile in dem Speckfett rundherum anbraten, mit Salz und Pfeffer würzen, dann herausnehmen.

5 Anschließend die Zwiebeln mit dem Knoblauch in dem Fett, in dem das Hähnchen angebraten wurde, anschwitzen. Die Zwiebeln mit Mehl bestauben, mit dem Cognac ablöschen und den Wein angießen. Die Brühe dazugeben, das Fleisch und den Speck wieder in den Topf legen und alles bei mittlerer Hitze etwa 1 Stunde schmoren lassen.

6 In einer Pfanne die Butter zerlassen und darin die Karotten, den Spargel und die Pilze anschwitzen.

7 Nach 45 Minuten Garzeit die Pfefferkörner und das Lorbeerblatt in ein Gewürzsäckchen oder in einen Einwegteebeutel füllen. Die Gewürze mit den Karotten, dem Spargel und den Pilzen zum Fleisch geben. Den Thymian und den Rosmarin unterrühren und zu Ende garen.

8 Das Gewürzsäckchen nach Ende der Garzeit wieder entfernen. Den Eintopf mit Salz und Pfeffer abschmecken und sofort servieren.

ZUTATEN FÜR 4 PERSONEN

1 Hähnchen (1,4 kg), küchenfertig

100 g geräucherter Bauchspeck

250 g Silberzwiebeln · 150 g kleine Karotten

200 g grüner Spargel · 2 Knoblauchzehen

200 g kleine Champignons · 2 EL Pflanzenöl

Salz · frisch gemahlener Pfeffer

1–2 EL Mehl · 2 cl Cognac

500 ml trockener Rotwein

150 ml Geflügelbrühe (Rezept siehe Seite 14)

2 EL Butter · 1 TL Pfefferkörner

1 Lorbeerblatt · 3–4 Zweige Thymian

1 Zweig Rosmarin

ZUBEREITUNGSZEIT: 45 MINUTEN
GARZEIT: 1 STUNDE 10 MINUTEN

Lammeintopf

ZUTATEN FÜR 4 PERSONEN

800 g Lammfleisch (am besten aus der Schulter)

250 g Perlzwiebeln

2 Knoblauchzehen

250 g junge, kleine mehligkochende Kartoffeln

300 g kleine Karotten

250 g grüner Spargel

Pflanzenöl (zum Braten)

100 ml trockener Weißwein

etwa 400 ml Lammfond

Salz

frisch gemahlener Pfeffer

200 g frische Erbsen

ZUBEREITUNGSZEIT: 30 MINUTEN
GARZEIT: 1 STUNDE 45 MINUTEN

1 Das Fleisch waschen, trocken tupfen und in Würfel schneiden.

2 Die Zwiebeln, den Knoblauch, die Kartoffeln und die Karotten schälen. Den Spargel waschen, das untere Drittel schälen. Den Knoblauch fein hacken. Die Kartoffeln in Würfel schneiden.

3 Etwas Öl in einem Topf erhitzen und darin das Fleisch rundherum scharf anbraten, dann wieder aus dem Topf nehmen.

4 Im selben Topf die Zwiebeln und den Knoblauch anbraten und mit dem Weißwein ablöschen. Etwas Fond angießen und das Fleisch mit den Kartoffeln wieder dazugeben. Den Eintopf mit Salz und Pfeffer würzen und zugedeckt unter gelegentlichem Rühren etwa 1 Stunde leise schmoren. Nach Bedarf ab und zu etwas Fond angießen.

5 Nach Ende der Garzeit die Karotten, den Spargel und die Erbsen zum Eintopf geben und alles etwa 30 weitere Minuten gar schmoren lassen.

6 Den Lammeintopf nochmals mit Salz und Pfeffer abschmecken und servieren.

TIPP

Wenn Sie den Lammfond selbst herstellen möchten, verwenden Sie als Grundlage das Rezept für die Fleischbrühe (siehe Seite 20). Statt des Rindfleischs und der Rinderknochen nehmen Sie Lammknochen und die Fleischabschnitte von der Lammschulter. Am besten fragen Sie vorab beim Metzger nach Lammfleischresten und -knochen zum Fondkochen.

Kanincheneintopf
mit Spitzkohl

1 Das Kaninchen waschen, trocken tupfen und zerlegen.

2 Die Kartoffeln schälen, waschen und in kleine Würfel schneiden. Die Tomaten waschen und vierteln. Den Kohl putzen, waschen, halbieren und von dem harten Strunk befreien. Die Kohlhälften in breite Streifen schneiden. Die Zwiebel schälen und in Streifen schneiden.

3 In einem Topf das Öl erhitzen und die Kaninchenteile rundherum goldbraun anbraten. Das Fleisch mit Salz und Pfeffer würzen. Die Brühe angießen und alles bei mittlerer Hitze etwa 45 Minuten köcheln lassen.

4 Nach etwa 30 Minuten Garzeit das Lorbeerblatt, die Pfefferkörner und die Kümmelsamen in ein Gewürzsäckchen oder einen Einwegteebeutel füllen. Die Gewürze mit den Kartoffeln, den Tomaten, dem Kohl und der Zwiebel zum Fleisch geben und mitgaren.

5 Am Ende der Garzeit das Gewürzsäckchen entfernen. Den Kanincheneintopf nochmals mit Salz und Pfeffer abschmecken und servieren.

ZUTATEN FÜR 4–6 PERSONEN

1 kleines Kaninchen (etwa 1,2 kg), küchenfertig

300 g Kartoffeln

50 g Kirschtomaten

800 g Spitzkohl

1 Zwiebel

2 EL Pflanzenöl

Salz

frisch gemahlener Pfeffer

1 l Geflügelbrühe (Rezept siehe Seite 14)

1 Lorbeerblatt

3 Pfefferkörner

1 TL Kümmelsamen

ZUBEREITUNGSZEIT: 40 MINUTEN
GARZEIT: 50 MINUTEN

Wildgulasch
mit Weintrauben

1 Den Backofen auf 150 °C (Ober- und Unterhitze) vorheizen.

2 Den Speck in 2 cm breite Stücke schneiden. Das Fleisch waschen, trocken tupfen und in mundgerechte Würfel schneiden.

3 Die Zwiebeln, die Karotte und die Petersilienwurzel schälen und in kleine Würfel schneiden. Die Zitrone heiß waschen, abtrocknen und die Schale mit einem Messer dünn abschälen oder mit einem Zestenreißer abschneiden, dabei keine weiße Haut mit abschälen.

4 In einem Topf den Speck ohne Fett auslassen und knusprig braten. Den Speck herausnehmen und auf Küchenpapier abtropfen lassen.

5 Das Rehfleisch portionsweise in dem Speckfett anbraten, ebenfalls wieder herausnehmen. Dann die Zwiebeln, die Karotte und die Petersilienwurzel in dem Fett, in dem das Fleisch angebraten wurde, anschwitzen.

6 Das Tomatenmark einrühren, kurz Farbe nehmen lassen und mit dem Wein ablöschen. Die Flüssigkeit reduzieren, den Fond angießen und das Fleisch wieder in den Topf geben. Das Gulasch im Ofen etwa 1½ Stunden schmoren lassen.

7 Die Zimtstange, die Nelken, den Sternanis, die Pfefferkörner, die Pimentkörner, den Kardamom, die Wacholderbeeren und die Lorbeerblätter in ein Gewürzsäckchen oder einen Einwegteebeutel füllen, gut verschließen und nach etwa 40 Minuten zum Gulasch geben.

8 Die Weintrauben waschen und abtropfen lassen. Die Nüsse in einer heißen Pfanne ohne Fett anrösten, herausnehmen, abkühlen lassen und grob hacken.

9 Das Gulasch aus dem Ofen nehmen. Das Gewürzsäckchen entfernen und die Crème fraîche und die Preiselbeerkonfitüre unter das Gulasch rühren, mit Salz und Pfeffer abschmecken. Die Trauben, die Zitronenschale, den Speck und die Nüsse untermischen und das Gulasch vor dem Servieren noch einmal 5 Minuten ziehen lassen.

ZUTATEN FÜR 4 PERSONEN

4 Scheiben durchwachsener Speck

800 g Rehfleisch (aus der Schulter oder Keule)

400 g Zwiebeln · 1 Karotte · 1 Petersilienwurzel

1 unbehandelte Zitrone · 1 EL Tomatenmark

200 ml trockener Rotwein · 600 ml Wildfond (aus dem Glas)

½ Zimtstange · 2 Gewürznelken · ½ Sternanis

½ TL Pfefferkörner · 2 Pimentkörner

2 Kardamomkapseln · 5 Wacholderbeeren

2 Lorbeerblätter · 200 g Weintrauben

80 g Walnusskerne, geschält und halbiert

3 EL Crème fraîche

2 EL Preiselbeerkonfitüre

Salz · frisch gemahlener Pfeffer

ZUBEREITUNGSZEIT: 40 MINUTEN
GARZEIT: 1 STUNDE 40 MINUTEN

Fischtopf

mit Fenchel, Paprika und Reis

500 g weißes Fischfilet
(z. B. Kabeljau), küchenfertig
und ohne Haut

1 Zwiebel

1 Knoblauchzehe

1 rote Paprikaschote

1 gelbe Paprikaschote

2 Knollen Fenchel

2 EL Olivenöl

250 g Langkornreis

100 ml Weißwein

400 g gestückelte Tomaten
(aus der Dose)

300 ml Fischfond
(Rezept siehe Seite 22)

200 ml Gemüsebrühe (Rezept
siehe Seite 15)

Salz

frisch gemahlener Pfeffer

Zitronensaft

2 EL frisch gehackte Petersilie
(zum Garnieren)

ZUBEREITUNGSZEIT: 40 MINUTEN
GARZEIT: 25 MINUTEN

1 Den Fisch waschen, trocken tupfen und in mundgerechte Stücke teilen.

2 Die Zwiebel und den Knoblauch schälen. Die Zwiebel in Streifen und den Knoblauch in kleine Würfel schneiden. Die Paprika halbieren, von den Kernen und den Scheidewänden befreien, waschen und die Schoten in schmale Streifen schneiden. Den Fenchel putzen, von dem harten Strunk befreien, waschen und ebenfalls in schmale Streifen schneiden.

3 In einem Topf das Öl erhitzen und die Zwiebel mit dem Knoblauch darin anschwitzen. Den Reis, die Paprika und den Fenchel kurz mitschwitzen, dann alles mit dem Weißwein ablöschen.

4 Die Tomaten, den Fond und die Brühe angießen und den Eintopf unter gelegentlichem Rühren etwa 20 Minuten bei mittlerer Hitze garen. Den Fisch einlegen und etwa 5 Minuten gar ziehen lassen.

5 Den Fischtopf mit Salz, Pfeffer und Zitronensaft abschmecken und mit Petersilie bestreut servieren.

TIPP

Tomaten aus der Dose werden aus sonnengereiften Tomaten hergestellt. Sie geben Suppen und Eintöpfen ein besonders intensives Aroma, da sie weniger Wasser als herkömmliche frische Tomaten haben. Sie können auch sonnengereifte frische Tomaten enthäuten und stückeln.

Linseneintopf
mit Speck und Spätzle

ZUTATEN FÜR 4 PERSONEN

Für die Suppe:

220 g getrocknete grüne Linsen

150 g geräucherter Bauchspeck, in Scheiben

2 Karotten · ¼ Knolle Sellerie · 1 Zwiebel ·
1 Knoblauchzehe · Pflanzenöl (zum Braten)

900 ml Gemüsebrühe (Rezept siehe Seite 15)

1 Lorbeerblatt · 3 Pfefferkörner · 1 EL Majoran
Salz · frisch gemahlener Pfeffer

1–2 EL dunkler Balsamicoessig · 3 EL Sauerrahm
2 EL frisch gehackte Petersilie

Für die Spätzle:

150 g Mehl · 2 Eier · 120 g Quark · 75 ml Buttermilch
Salz · frisch geriebene Muskatnuss · frisch
gemahlener Pfeffer

ZUBEREITUNGSZEIT: 45 MINUTEN
RUHEZEIT: 20 MINUTEN
EINWEICHZEIT: 10 STUNDEN / GARZEIT: 50 MINUTEN

1 Die Linsen über Nacht einweichen, dann abgießen.

2 Den Speck in Streifen schneiden. Die Karotten und den Sellerie schälen und in kleine Würfel schneiden. Die Zwiebel und den Knoblauch schälen und fein hacken.

3 In einem Topf 2 Esslöffel Öl erhitzen und den Speck darin knusprig braten, herausnehmen und in einer Schüssel beiseitestellen. Die Zwiebel und den Knoblauch in dem Speckfett glasig schwitzen. Die Karotten, den Sellerie und die Linsen dazugeben.

4 Die Brühe angießen, den Speck wieder in den Topf geben und alles bei mittlerer Hitze etwa 45 Minuten garen. Das Lorbeerblatt und die Pfefferkörner in ein Gewürzsäckchen oder einen Einwegteebeutel geben und in die Suppe legen. Den Majoran einrühren.

5 Für die Spätzle das Mehl in eine Schüssel geben. Die Eier, den Quark, die Buttermilch sowie etwas Salz, Muskat und Pfeffer dazugeben und alles zu einem zähen Teig verrühren, bis er Blasen wirft. Den Teig zugedeckt etwa 20 Minuten ruhen lassen.

6 Einen großen Topf mit Salzwasser aufkochen lassen. Den Spätzleteig nochmals durchschlagen und mit einem Spätzlehobel portionsweise in das kochende Wasser reiben, ab und zu umrühren. Wenn die Spätzle nach 1–2 Minuten an der Oberfläche schwimmen, die Spätzle mit einem Schaumlöffel aus dem Wasser heben und in einem Sieb abtropfen lassen.

7 Das Gewürzsäckchen aus dem Linseneintopf entfernen, den Eintopf mit Salz und Pfeffer abschmecken. Die Spätzle untermischen, bei Bedarf noch mal mit Salz und Pfeffer nachwürzen.

8 Den Linseneintopf mit dem Balsamicoessig abschmecken, mit Sauerrahm beträufeln und mit frisch gehackter Petersilie garniert servieren.

Kartoffelgulasch

1 Die Zwiebeln und den Knoblauch schälen und fein würfeln. Die Kartoffeln und die Pastinaken waschen, schälen und in grobe Stücke schneiden.

2 Das Öl in einem großen Topf erhitzen und die Zwiebeln mit dem Knoblauch darin glasig anschwitzen. Die Kartoffeln und die Pastinaken kurz mitschwitzen. Das Tomatenmark einrühren und leicht Farbe nehmen lassen.

3 Alles mit der Brühe ablöschen und zugedeckt 20–25 Minuten garen, bis die Kartoffeln weich sind. Bei Bedarf noch etwas Brühe nachgießen.

4 Das Kartoffelgulasch mit Cayennepfeffer, Paprikapulver und Salz abschmecken. Den Sauerrahm einrühren und das Kartoffelgulasch mit Petersilie und Paprika garniert servieren.

ZUTATEN FÜR 4 PERSONEN

450 g Zwiebeln · 2 Knoblauchzehen

800 g festkochende Kartoffeln

200 g Pastinaken

2 EL Pflanzenöl

2 EL Tomatenmark

etwa 500 ml Gemüsebrühe (Rezept siehe Seite 15)

etwas Cayennepfeffer

1 TL edelsüßes Paprikapulver

Salz · 50 g Sauerrahm

2 EL frische gehackte Petersilie (zum Garnieren)

ZUBEREITUNGSZEIT: 30 MINUTEN
GARZEIT: 25 MINUTEN

Wurst-Gemüse-Eintopf

ZUTATEN FÜR 4–6 PERSONEN

200 g festkochende Kartoffeln

200 g Knollensellerie

200 g Karotten

200 g Steckrübe

200 g Weißkohl

1 Zwiebel

2 EL Pflanzenöl

1,2 l Gemüsebrühe
(Rezept siehe Seite 15)

300 g Wurst (z. B. Krakauer)

½ TL Kümmelsamen

Salz

frisch gemahlener Pfeffer

2 EL Schnittlauchröllchen
(zum Garnieren)

ZUBEREITUNGSZEIT: 40 MINUTEN
GARZEIT: 25 MINUTEN

1 Die Kartoffeln, den Sellerie, die Karotten und die Steckrübe schälen und in schmale Spalten oder Stifte schneiden. Den Kohl putzen, die äußeren Blätter entfernen. Den Kohl halbieren, waschen und in Streifen schneiden. Die Zwiebel schälen und fein hacken.

2 Das Öl in einem Topf erhitzen und die Zwiebel darin glasig schwitzen. Die Kartoffeln, den Sellerie, die Karotten, die Steckrübe und den Kohl kurz mitschwitzen, dann die Brühe angießen. Alles bei mittlerer Hitze etwa 20 Minuten köcheln lassen.

3 Die Wurst in Scheiben schneiden und 10 Minuten vor Ende der Garzeit mit dem Kümmel in den Eintopf rühren. Den Wurst-Gemüse-Eintopf mit Salz und Pfeffer abschmecken und mit Schnittlauchröllchen bestreut servieren.

Register

Allgäuer Hochzeitssuppe mit dreierlei Klößchen und Flädle 114
Apfel-Sellerie-Cremesuppe mit Speckstreifen 102

Bärlauchsuppe mit Räucherforelle 80
Berliner Gemüsetopf 118
Blumenkohlcremesuppe mit Dill 130
Bohnen-Kürbis-Eintopf mit Spinat 56
Bohnen-Zucchini-Gulasch mit Graupen 160
Bohneneintopf 151
Borschtsch 143
Brennnesselsuppe mit panierten Eiern 12
Brokkolisuppe 73
Brotsuppe mit Zwiebeln 128
Bunte Nudelsuppe mit Bohnen und Kartoffeln 66

Cremige Maissuppe 98

Erbsen-Minze-Rauten in klarer Brühe 10

Fischcremesuppe mit Sahne 88
Fischsuppe mit Kartoffeln und Lauch 117
Fischtopf mit Fenchel, Paprika und Reis 174
Fleischtopf mit Kohl und Kartoffelkruste 156
Fränkische Kartoffelsuppe mit Zwetschgenplotz 82
Frühlingsgemüsetopf 40

Gekühlte Tomatensuppe 28
Gelierte Beerensuppe mit Schnee-Eiern 36
Gemüse-Fleisch-Topf 148
Gemüseeintopf mit Wurst 154
Gemüsesuppe mit Tomaten und Fenchel 30
Gersten-Tomaten-Suppe mit Pilzen 46
Graupen-Steckrüben-Suppe mit Kasseler und Backpflaumen 60

Grießnockerlsuppe 113
Grüne Suppe mit Schinkenschöberln und Kräuternocken 67
Gulaschsuppe 142

Hackfleisch-Bohnen-Eintopf mit Maisbrot 155
Hähnchen in Wein mit grünem Spargel 167
Hähncheneintopf mit Karotten und Wirsing 166
Hähnchengulasch mit Blätterteiggebäck 164
Hähnchensuppe mit Erbsen 126
Himbeersuppe mit Gebäck 34
Hühnersuppe 14
Hühnersuppe mit Blätterteighaube 139
Hühnersuppe mit Tomaten, Zwiebeln, Karotten und Bohnen 48

Kalbsragout 162
Kalte Bohnen-Erbsen-Suppe 26
Kalte Gurkensuppe mit Ricotta 29
Kanincheneintopf mit Spitzkohl 172
Kartoffel-Sauerkraut-Suppe mit Apfel 50
Kartoffelcremesuppe mit Steinpilzen 76
Kartoffelgulasch 177
Kartoffelschaumsuppe mit Kräuterseitlingen 78
Kartoffelsuppe mit Debracziner 134
Käsecremesuppe mit Käsesternen 144
Kastaniensuppe 96
Klare Fischsuppe mit Einlage 22
Klare Fleischbrühe mit Klößen 20
Klare Gemüsesuppe mit Fischklößchen 116
Klare Tomatenbrühe mit Käseklößchen 18
Kohleintopf mit Speck 136
Kohlrabicremesuppe mit Bärlauch 72
Kohlsuppe mit Karpfenklößchen 110
Kürbis-Kartoffel-Suppe mit Kürbiskernen 99
Kürbissuppe 84

Lammeintopf 170
Lauchcremesuppe 92
Leberknödelsuppe 16
Linsenconsommé mit Pfannkuchenstreifen 19
Linseneintopf mit Kürbis 140
Linseneintopf mit Speck und Spätzle 176

Maultaschensuppe 112

Nudel-Gemüse-Suppe mit Huhn 42
Nudelsuppe mit Ochsenschwanz 44

Ochsenschwanzragout 161

Pastinakensuppe 122
Pfifferlingsuppe mit Sauerrahm und Petersilie 45
Pichelsteiner Topf 150
Pikante Apfelsuppe mit Speck und Majoran 51
Pilzsuppe mit Kartoffelteignudeln 52

Radieschensuppe mit Gänseblümchen 79
Rieslingsuppe mit Zanderklößchen 90
Rindfleisch in Rotwein 158
Rindfleischeintopf mit Schalotten 152
Rindfleischsuppe 23
Rosenkohlsuppe 124
Rote-Bete-Suppe mit Kürbiskernen 106

Sauerampfersuppe und Frühlingskräutersuppe 70
Sauerkrautsuppe mit Fleisch 63
Sauermehlsuppe 104
Schweinefleischeintopf mit Graupen 54
Sommergemüsesuppe 33
Spargelcremesuppe 91
Speckknödel- und Hühnersuppe 14

Spinatsuppe mit pochiertem Ei 64
Steckrübensuppe mit Knödeln 100
Steinpilzsuppe 105
Steinpilzsuppe mit Maisgrießnocken 15

Weiße-Bohnen-Suppe 129
Wildgulasch mit Weintrauben 173
Wirsingsuppe mit Knoblauch und Reis 32
Wirsingsuppe mit Wurst 62
Wurst-Gemüse-Eintopf 178
Würzige Linsensuppe 55

Zucchinicremesuppe 74
Zwiebelsuppe mit Brot und Käse überbacken 138

Bildnachweis

Cover und S.141: Christian Verlag

Alle anderen Fotografien wurden von der StockFood GmbH zur Verfügung gestellt mit Genehmigung von:
ACP Magazines Ltd. 159 – Arras, K. 149, 150, 68/69 – Atkinson, Dr. Sue 87 u. – BBS 63, 104, 105 –
Bender, Uwe 37 – Bischof, Harry 17, 50, 54 – Blickpunkte 85 – Boch Photography 95 u. –
Brachat, Oliver 72 – Burgess, Linda 132 – Buroh, Nikolai 29 – Carriere, James 49 – CIROWO 62 –
Da Costa, Beatriz 169 o. l. – Drool Ltd., William Lingwood 161 – Duisterhof, Miki 24 – Duivenvoorden,
Yvonne 66 – Duncan, James 95 o. – Eising Studio - Food Foto & Video 7, 10/11, 22, 23, 38/39,
44, 65, 67, 71, 77, 78, 83, 89, 90, 111, 117, 119, 135, 169 o.r. 173, 175, 176, 177, 179 –
Feiler Fotodesign 133 u. – Firmston, Victoria 33, 75 – Foodcollection GesmbH 21, 43, 59 o. l.,
93, 133 o., 151, 168, 169, 172 – Garlick, Ian 167 – Great Stock! 153 – Hay, John 57, 154 –
Heinze, Winfried 25 o. l., 28 – Hoersch, Julia 125 – House & Leisure 25 o. r., 94 – Hussey, Clinton 98 –
Ida, Aiko 5, 27 – Kirchherr, Jo 81 – Lehmann, Herbert 146/147 – Lindeblad, Matilda 121 u. –
Lister, Louise 73 – Lutterbeck, Barbara 59 o. r., 137 – New, Myles 87 o. r., 171 – Newedel, Karl 41, 91, 99,
101, 113, 115 – Oftedal, Petter 138, 139 – Paul, Michael 25 u. – Persson, Per Magnus 58 –
Picture Box/Luna 157 – R&R Publications Marketing Pty Ltd. 142 – Rivière, Jean-Francois 163 –
Rob Fiocca Photography 31, 155 – Rua Castilho 32, 45, 47, 53, 86, 116, 127, 128, 129, 131, 160 –
Rüther, Manuela 123 – Schanz, Susanne 87 o. l. – Schardt, Wolfgang 14, 15, 61, 145 –
Schindler, Martina 8, 59 u. – Schmalhorst, Hendrik 165 – Schwabe, Kai 143 – Schwarzwald, Oliver 103 –
Sklar, Evan 35 – Smend, Maja 166 – Sporrer/Skowronek 107 – Stella 112 – Stiepel, Kai 79 –
Strauss, F. 108 – Studio Adna 55 – Studio Lipov 120 – Thumm, Andreas 97 – Visions B.V. 121 o. –
Westermann, Jan-Peter 13, 18, 19 – Zogbaum Armin 51

In gleicher Reihe erschienen ...

ISBN 978-3-86244-041-2

Verwöhnen Sie Familie und Gäste mit den besten Landfrauen-Kuchen und neuen Klassikern, bei denen erntefrische Sommerfrüchte die Hauptrolle spielen!

ISBN 978-3-86244-042-9

Die schönsten Sommerideen aus der Landküche zum Schlemmen und Genießen, fürs Grillfest, die Gartenparty oder ein Picknick im Grünen.

ISBN 978-3-86244-074-0

Mit hausgemachten Delikatessen aus der Landküche bereiten Sie nicht nur sich selbst, sondern auch Gästen lange Freude.

ISBN 978-3-86244-073-3

Im Winter haben deftige Gerichte Hochsaison. Die Landküche präsentiert winterliche Genüsse, die einem das Wasser im Mund zusammen laufen lassen.

ISBN 978-3-86244-124-2

Hier spielt Gemüse nicht die Nebenrolle, sondern wird zum Hauptdarsteller: 100 Gemüserezepte durch alle Jahreszeiten mit frischen Produkten vom Land.

www.christian-verlag.de